非常識の日本語

——三浦つとむ認識論による日本語解明——

我が終生の師、三浦つとむに捧ぐ

はじめに

　日本にはかつて世界に誇るべき三浦つとむという偉大な言語学者・日本語学者がいました。けれども、不当にもなぜか言語学・国語学・日本語学の学会では無視されてきたのです。そう、無視するのが常識化して、その著作は多く読まれているにもかかわらず、その難解さゆえでしょうか、学閥との無縁さゆえでしょうか、今日までほとんどの学者に評価されず、言語学・国語学・日本語学の参考文献に名前および著作すらのっていません。

　吉本隆明は、三浦の代表的な著書『日本語はどういう言語か』（講談社、1976年版、以下『日本語は』）の解説で「いままで、このユニークな言語学者の著書は、あまりに隠されつづけてきたのだ」（傍線は引用者）と書いています。

　本書は三浦つとむの認識論を無視すること、隠されることが常識化している言語学・国語学・日本語学において反対の立場、つまり**非常識**の立場、すなわち三浦理論に立つことによりどれだけ言語および日本語の解明ができるかを筆者の40数年にわたる日本語教育を通じてわかりやすく解説したものです。書名の『非常識の日本語』とは「非常識な言語理論による日本語分析」という意味です。形式主義的な考え方、そして機能主義で補足するという常識を打破しようという試みです。そういう意味での非常識なのです。

　筆者自身、40数年日本語を教えてきて、どれほどその理論にたすけられ、実際の日本語の授業で日本語の解明に役立ち、学習者を納得させられたか知れません。日本語教師が日本語を教えるとき、まず最初に直面することは、日本語の語彙や表現を学習者にわからせなければならないことです。特に、**日本語を日本語だけで真摯に教えようとするならば**、文字通りその教師は日本語と直接向き合うことになるのですが、多くは翻訳に逃げるか表面的な説明をして終わりにしてしまいます。

　本当は日本語だけで教えようとすると、無意識にせよある程度「意義」（後述）に迫っていることになっているのですが、多くの場合気がつくことはありません。生徒の母国語に翻訳したり比べたりしないで、その語や表現の本質的な意義とその使用の限界を学習者に説明することが日本語分析の第一歩だと思います。

はじめに

　日本語教師は常に日本語には接していますが、実際には表面的に教えたり翻訳にたよったり、それまでの間違った説明を鵜呑みにしがちです。そのうち、教えることがマンネリになり、まったく問題意識も持たなくなってしまいます。少しでも問題意識を持てば、いくらでも「認識論がなければとけない日本語の一見不可思議な用法、簡単に説明がつかない表現」がみつかるのです。
　ここで少し三浦のことばを聞いてみましょう。

　　　人間の認識についての理解がなければ文法について論じても壁にぶつかるのである。(『日本語の文法』勁草書房、1975年、P8、以下『文法』)

　また同書の別なところでも「なぜこんな語のならべかたをするのかは、認識構造をつっこんで検討してはじめて理解できることなのだが、これまで文法学者はその検討をやろうとしなかった」(P14)と書いています。
　そうなのです。言語学者・国語学者・文法学者だけでなく、日本語教師もやろうとしなかったのです。しかし、日本語教師は毎日外国人学習者に日本語を教えているわけだから、いやがおうでも日本語の具体的な表現に直面し、説明をよぎなくされます。その説明をするためには三浦言語理論が必要なのです。
　三浦自身も『日本語は』や『文法』などで快刀乱麻のようにさまざまな日本語の表現を分析していますが、それは「観念的自己分裂」(後述)や「対象→認識→表現」(後述)などを軸に人間の認識構造を研究した結果であり、それはまた三浦理論の正当性および有効性を実証しています。
　「認識論」というと、読者の方は心理学的な要素が加わってより複雑になるのではないかと懸念される人も多いかと思いますが、実際は反対で「認識論」に立つことにより簡単で明快な説明になるのです。氷山の水面に出ている部分だけであれこれ論じるのではなく水面下の氷を見ることによりはじめて言語・日本語の不可解なことが解明されると思います。ただし、最近言われだした「認知論」ではなく、あくまでの三浦つとむの「認識論」に立たなければなりません。「認知論」はいまだ形式主義的立場をとっているからです。
　直接は三浦つとむの著作にあたってほしいと思います。本書で三浦理論の

読み違え、未消化の部分があればその責はすべて筆者自身にあります。
　本書は三部に分かれています。第一部では三浦理論はどういうもので、日本語とどうかかわりがあるのかという点を中心に論じています。第二部は筆者自身実際に日本語を教えた経験を通して日本語の語や表現の分析をすると同時に既存の解説書や辞書の不十分な点やあやまりについて述べています。第三部は日本語教育に関して40数年の経験から教育論・教師論・教科書論について述べたものです。
　以上のように本書は言語を形式からのみ考察し、足りない部分は形態論で補強するのが常識化している現状を三浦理論によって打破する目的で書きました。これは現在蔓延している常識に対する挑戦です。なお、本書では敬称を略させていただきました。

　　注：外国語に対して母国語という意味で使っている。

目次

はじめに 3

第一部　言語とは

　1．日本語の入口……………………………………………10
　2．もの・こころ・ことば…………………………………12
　3．二つの概念………………………………………………15
　4．ニコニコ物語……………………………………………18
　5．コーヒーとカフェイン…………………………………22
　6．客体的表現・主体的表現………………………………25

第二部　日本語の分析

　1．粘土とすし………………………………………………30
　2．こそあど…………………………………………………33
　3．横浜は東京の手前………………………………………44
　4．のびちぢみ………………………………………………52
　5．ひっくりかえる…………………………………………60
　6．ブーメラン用法（1）……………………………………64
　7．自分の予想・判断と相手の予想・判断………………78
　8．「ふくし」が遅れています……………………………97
　9．組み合わせ………………………………………………118
　10．どっちをいっても………………………………………125
　11．どうしたの？……………………………………………131
　12．夏が来れば………………………………………………144
　13．ブーメラン用法（2）……………………………………165

第三部　言語教育の展望

　1．わかることとは…………………………………………174
　2．「認識論」と直接教授法の原理………………………178
　3．三セルと提出順…………………………………………182
　4．理想的な教科書…………………………………………194

5．言語教師の育成と三角錐論……………………………………………… 230

あとがき 241

事項索引 243

語彙索引 244

第一部　言語とは

真実はいつも少数派　湯川秀樹

第一部　言語とは

1．日本語の入口

　日本語の「入口」を考えることは、言語について考える入口でもあります。というのは、私たちは次のような場合、必ず無意識に次の操作をするからです。
　いまあなたが自分の部屋にいたとします。そのとき、携帯電話がなり、友達がいまあなたに会いたいけれども、部屋がわからないから教えてくれと言いました。そうすると、あなた（の肉体）は部屋の中にいるけれども、**観念的に友達の立場にたって**、「アパートの一階のつきあたりのドアが入口だよ」とか言うでしょう。部屋の中にいるあなたから見れば、そのドアは出口であるにもかかわらず、入口と言います。なぜこのようなことをするのでしょうか。答えは簡単です。そう言わなければ、友達がわからないからです。三浦はこの操作、つまり肉体ととらえ方（認識）とは別々になることを「**観念的自己分裂**」、その状態を「**観念的二重化**」と名づけ、言語および日本語の一見不可思議な用法を見事に解き明かしたのです。
　よく、日本語では「相手の身になって考える」というようなことを言いますが、肉体的には不可能です。けれども、この**観念的操作**により相手の立場に立つことができるのです。
　私たち日本人は年賀状を送る習慣がありますが、その年賀状は元旦に届く前、つまり前の年に書かなければなりません。そこで12月中に「**昨年はお世話になりました。本年もどうぞよろしく**」と書いて出します。12月にもかかわらず、元旦を先取りしてそう書くわけです。もしこの操作、肉体のあなたとこころ（観念）のあなたが別々になること「観念的二重化」をしなければ、年賀状も書けないことになってしまうでしょう。
　鏡を使ってもわかります。鏡を見ると鏡にはあなたの肉体が映っています。それだけでは「観念的自己分裂」ではありませんが、あなたは鏡を見ながら、10年後の自分を想像するかもしれません。あるいは「髪を短くしたらどんな感じかな」など考えるかもしれません。こうした場合に「観念的自己分裂」を起し、見ているあなた（肉体）が鏡に映った像から観念的なイメージを作り出します。その状態が「観念的二重化」です。
　人の話を聞くときもそうです。友達が「きのう浅草に行ったんだけど、す

ごくこんでて」という話を聞いたあなたは、無意識に友達が浅草に行った状況を思い浮かべます。これを**追体験**と言います。そうしないと、友達の話がわからないし、相手に「ちょっと、私の話、聞いているの！」と言われてしまいます。

また、映画やテレビ映画を見ているときも「観念的自己分裂」を起こします。茶の間のこたつに入っていて、SFの映画を見ます。あなたはその世界に没入して、映画の鑑賞をします。そうしなければ、映画の内容を追いかける（追体験）ことができません。もちろん、小説を読むこともそうです。作者が作った観念的世界・創造の世界に入っていくのです。

このように日常起きている「観念的二重化」が言語を表現するときにも起きているのではないかと思うのは当然なことでしょう。たとえば、実家が岐阜でも本人が東京にいる場合、友達に「今度の休暇は私のうちに遊びに来てください」と言います。これも観念的に岐阜に移行し、そこに自分の身を置いた形で言っています。もちろん、「遊びに行ってやってください」とも言えます。その場合は、長い間実家に帰っていないか、実家の敷居が高いかです。

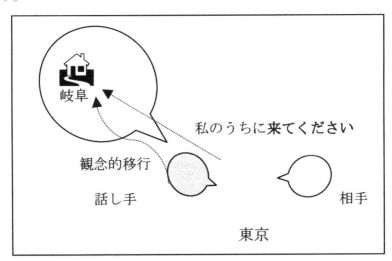

言語を分析をするものは、この「観念的二重化」を考察し、そこから日本語の諸現象を説明しなければならないのですが、はじめに述べたようにほとんどの学者は無視かするか、理解できないかのどっちかです。まさしく、日

第一部　言語とは

本語の入口は、この「観念的二重化」からはじまるのです。

2．もの・こころ・ことば

　いまあなたがこの本を読んでいるまわりを見わたしても、私たちは、数多くのものにかこまれています。数多くのものがあります。ものが少ない病室でも薬、テレビ、お見舞いの花、読みかけの雑誌や本などがあるでしょう。
　また、私たちはここにないものやことがらについて考えたり、「龍や河童あるいはタイムマシン」など存在しないものを創造することもできます。そして、それを認識し、言語で表現しようとするでしょう。でも、言語は全部表現できませんし、しません。それどころか、受け手も、言語表現されたものを100％その通りに受け取るわけでもありません。相手がニヤニヤしながら、話しているときには、まじめな内容であっても信じません。
　この「もの・こころ・ことば」の三つの関係を図示すると次のようになります。

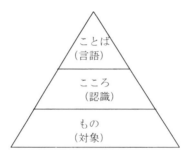

「こころ」と「ことば」の二つだけとりあげると、次のようになります。

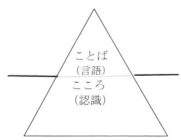

これを氷山にたとえてみましょう。氷山は6/7が海中に沈み、1/7しか水面から出ていません。氷山が1/7しか水面に出ていなくても、下の部分がないと考える人はいないでしょう。同じように、ことばを考察するには下の部分の「こころ（認識）」も見なければならないということになります。三浦が言いたかったことはこのことだと思います。「ことば」を研究・分析するには認識論が必要ですし、またそうしなければ言語の特性、日本語の諸現象はとけないのです。これまでの言語学・国語学・日本語学は氷山の海面から出た部分を見ているにすぎなかったのです。海面下の氷を見てこそ上の氷の部分もわかってくるというものです。
　というのは、いま見てきたように私たちは認識していても、言語で表現しない場合やその一部しか表現しない場合や、まったく反対のこと言う場合の実例はいくらでもあるからです。これこそが人間の行為そのものなのです。
　例をあげましょう。
　チャップリンのサイレント時代の傑作『街の灯』（1931年）では盲目の少女を助けた彼が零落（れいらく）したあと、目が見えるようになった花売り娘と再会するシーンがあります。
　花売り娘は盲目のときは彼が見えなかったから、彼を見てもわかりません。しかし、彼女はお金をわたそうと、彼の手をにぎります。そのときの英語の字幕は、たった一言（ひとこと）「You!」なのです。言語表現では「You!」しか言っていませんが、彼女の言わない部分（認識）、つまり氷山の水面下は、「あなたのおかげで目が見えるようになりました。なんとお礼を言っていいかわかりません」という万感の思いでいっぱいです。
　でも「You!」一語なのです。日本語の翻訳の字幕では「あなたでしたの！」となっていて、言語表現が多くなっています。
　この例で私たちは思いのたけ（認識）を全部言うわけではないことがわかります。急に雨が降ってきて、他の人にそれを伝えたいとき、「雨！」と言ったり、「雨だよ！」と言ったり、「雨が降ってきたわよ」と言ったりします。徐々に言語表現が多くなっていますが、「雨」を認識していることには変わりありません。
　つまり、氷山の水面下（認識）があるからこそ言語表現になりうるということです。このことを時枝誠記は「雨■」という図式で説明しようとしました。
(注)

第一部　言語とは

　たとえば、話し手は雨が降ってきたのを窓から見て「雨」と言ったとします。このとき話し手は「雨」を認識しているけれども、「雨」以外の言語表現をしていないわけです。聞いた相手もそれを聞いて、洗濯物をとりいれるなどの反応をします。もっと多くの言語表現をしたければ、「雨です」とか「雨が降ってきた」などと表現するでしょう。これを、時枝は「雨■」と説明したのです。判断しているけれども、表現していないのです。
　この■（零記号）は水面下の氷山について言っているのですが、多くの人はそれを理解できず、時枝誠記を形式主義者と決め付けてしまいました。水面下の氷山では、認識しているけれども、言語で表現しないのです。ですから、この■という記号（零記号）は「認識しているけれども、表現の段階で落としてしまう」ことを理論化しようとしたものなのです。認識していても表現しないということは言語表現以外の表現方法を見ても証明できます。
　黒澤明は『どですかでん』という映画を作るまでは映画は白黒フィルムで撮りました。黒澤が色の区別がわからなかったからでしょうか。そうではありません。黒澤は色を認識していないどころか、多彩の色を使っていたことは映画を作る前の絵コンテを見ればわかります。
　20世紀初頭のイタリアの画家アメデオ・モディリアーニは、人物の目を描くとき、瞳を描きませんでした。でも初期のころは目を描き込んでいたと言われています。
　ウォルト・ディズニーは人間になぞらえたミッキーマウスの手の指を四本でしか表しません。そういえばMGMが製作した『トムとジェリー』のトムの指も四本です。
　これらはみんな欠陥なのでしょうか。そんなことはないことはみんなよく知っています。
　この点では言語表現も同様です。言語は忠実に対象を表現しないし、したくてもできないのです。対象と言語表現のあいだに認識があるからです。忠実どころか、まったく反対なことを言うこともあります。「うそ」とか「詐欺」などがそうですが、そればかりでなく、状況によっては、ごちそうがいくらあっても、「なにもありませんが」とか「おいしくありませんが」などと言ったりします。
　また、あなたが誰かのためにアパートをさがしてあげても電話で「いいアパートがみつかりましたよ」と自動詞で表現するでしょう（第二部参照）。

言語は言語だけで考えてはいけないのです。人間の頭の行為—認識行為—を考えなければいけません。どうですか。ずいぶん非常識ですか。

　　注：『国語学言論』

3．二つの概念

　三浦の言語論・認識論について述べるとき、どうしても避けて通れない問題があります。これは議論の余地があり、むずかしいところでもありますが、三浦がその著作で述べている重要な項目の一つなのです。これは「第三部言語教育の展望」でもふれるように「言語習得」「言語指導」にも深くかかわっていることなので、ここで検討しましょう。
　『言語学と記号学』では次のように書かれています。

　　　言語規範の概念（概念②：概念①②は引用者の注、以下同様）と、現実の世界から思想として形成された概念（概念①）と、概念が二種類存在しているのであって、言語で表現される概念は前者のそれ（概念②）ではなく後者のそれ（概念①）なのである。前者の概念（概念②）は、後者の概念（概念①）を表現するための言語規範を選択し聴覚表象を決定する契機として役立つだけであって、前者の概念（概念②）が具体化されるわけでもなく表現されるわけでもない（P27）。

　つまり、三浦は私たちは現実の生活から何か言いたいこと（概念①）が生じた場合、それを他の人に伝えたいときは言語の約束（概念②）にしたがって表現します。この場合言いたいことは言語の約束（概念②）ではなく、概念①の方だと言っているのです。
　言語の表現過程には二つの概念、話し手の「概念としての認識」（概念①）と「この概念にはこの種のかたちを使って表現すること」、つまり「言語規範」（概念②）があるということがわかります。
　ここで概念と認識ということばを整理しておくと、三浦は『文法』の中で次のように述べています。

第一部　言語とは

　　　けれども、どの語に表現された認識も、すべて対象の具体的なありか
　　　たを頭の中で無視して（これを捨象という）しまって、それがどんな種
　　　類に属するかという種類としての共通性だけを分離して（これを抽象と
　　　いう）とりあげたものであり、この認識を概念とよんでいる。概念は対
　　　象の感性的な認識の側面を捨象し、止揚した認識であるから、この認識
　　　それ自体は超感性的である（P11）。

　このことから概念（概念①と②）は、対象の感性的な認識の側面を捨象し、
止揚した認識だから、この認識それ自体は超感性的であることになります。
『日本語は』でも「ここに表現されているのは、古い認識論でいわれている
意味での概念ではありません。言語表現によって感情や意志が普遍的・抽象
的なものとしてとらえられるという意味で、新しい認識論ではこれを特殊な
概念と認めるのが適当でしょう」（P77）とあります。
　さて、三浦が主張している「二つの概念論」に立って、もう少し別な面か
ら解釈してみましょう。
　ヘレンケラーは2歳ごろ高熱にかかりました。その結果、彼女は見る・聞
く・話すの三つの感覚を失って、言語表現ができなくなったことはよく知ら
れています。そして7歳のときサリバンによってふたたび言語獲得ができた
のですが、それまでヘレンはどうしていたのでしょうか。彼女の著書[注1]には、
サリバン先生が来るまで、彼女は自分で考案した身振りを使って母親とコ
ミュニケーションをとったとあります。そのところを引用してみます。

　　　しばらくすると、人に意志を伝える必要性を感じ、簡単な身振りで合
　　　図をするようになった。「いいえ」は首を横に振り、「はい」はうなずく。
　　　「来て」は手を引き、「行って」は手を押す。パンが食べたい時は、パン
　　　をスライスしバターを塗るまねをする（P15）。

　つまり、彼女は言語表現ができなくても、概念①を持っていたことがわか
ります。ただ、それを言語（概念②）を使って相手に伝えることができな
かったのです。サリバンによって言語（概念②）を獲得してからは、指文
字[注2]という言語の代用をするもの（概念②）で意思疎通をはかることができ

たわけです。もし、思考というものが言語がなければできないというのであれば、ヘレンは7歳になるまでどうして思考ができたのでしょうか。

　もう一つ例をあげましょう。スピルバークが製作し、1982年に日本で劇場公開された『E.T.』という映画があります。この映画は地球に来た地球以外の生物（E.T.）が自分のいたところに帰りたくなり、そのためにはどうしたら連絡がとれるか考えていた（概念①）とき、テレビを見て、人間は家（home）というところに帰っていくし、連絡方法に電話（phone）というもの（概念②）を使っていることがわかりました。それでE.T.は概念②を使って子どもたちに自分の考え（概念①）を伝えることができ、最後に家に帰ることに成功しました。ここでわかることは、E.T.が英語の言語規範（概念②）にのっとり、たった二つの単語で表現し、自分の考え（概念①）を伝えることができたということです。

　以上の例からも、三浦の「二つの概念論」の正当性が実証できますが、三浦自身も指摘しているようにこれを認めない学者も多くいるし、言語（母国語）そのもので思考しているという考えは根強いのです。

　この「二つの概念論」は外国語教育においても非常に重要なことです。例えば、日本語を日本語だけで教えるとき、最終的には相手の母国語でしかわからない、翻訳しなければわからないと考える教育者が多いということです（第三章参照）。

　三浦は『日本語は』で次のように言っています。

　　われわれは思考するときに、頭の中に音声や文字を思いうかべ、それをならべていきます。頭の中に「言語」があるという考えかたは、この経験とむすびついて、人間は音声言語や文字言語だけではなく、思考言語も持っているのだという主張に発展しました。もちろんこれは言語でもなんでもありません。われわれは超感性的な概念を記憶するときに、社会的な約束の音声の表象や文字の表象すびつけて、これをいわばレッテルに使って区別します。思考するときは、このレッテルで概念を思いうかべて運用していきます（P71）。

　私たちは頭の中に言語があるわけでもなく、言語を使って考えているのではないと言っています。また、レッテル云々はわかりやすく言うと、ここに

第一部　言語とは

透明な二つのガラスのビンに入った砂糖と塩がある場合、それを区別するために手がかりとして私たちは一つのビンに「砂糖」というレッテルを貼り、もう一つの方に「塩」というレッテルを貼って区別して実際に運用するようなものです。

> 注1：ヘレン・ケラー自伝　小倉慶郎訳『The Story of My Life』（新潮文庫では『奇跡の人ヘレンケラー自伝』となっているが、奇跡の人は、ヘレンではなく、ヘレンに教えたサリバン先生のことである）。
> 注2：ろうあ者用の視覚用ではなく指であるかたちをつくり、相手の手に押して伝える方法。

4．ニコニコ物語

　言語表現は約束（規範）だと言うと、私はそんな約束なんかした覚えがないと言う人がいます。では「水が飲みたい」と言うことを「めずがほめたい」と言ってみてください。相手はなんのことかわかりません。やっぱり、相手がわかるように「水が飲みたい」と言わなければなりません。そうすると、相手も**言語表現を規範でなぞって**（追体験）あなたの言いたいことを理解します。
　社会的約束という点では言語は交通ルールに似ています。あなたが約束を破って、赤信号のとき交差点をわたれば、交通事故を起こすでしょう。言語表現では、「わからない・伝わらない」という罰則を受けます。
　三浦は『文法』で次のように言っています。

> 　けれども言語で扱うときは、対象の具体的な感覚的なありかたをまったく無視して認識しているのに（一般化）、それを他の人間に伝えるには音声や文字の具体的な感覚的なありかたによらなければならない（これは一つの矛盾である）から、その認識と音声や文字との結びつき（意味）を規定する規範がどうしても必要になるのである。この矛盾の存在とその解決のしかたを理解することこそが、言語の謎を解く鍵である。
> （P10）

日本語教師に限らず言語教師は、この社会的約束というものを授業中に何回も繰りかえして（練習して）学習者におぼえさせ、最後にその表現を使わせるようにするのが仕事です。
　前の章でもとりあげた『E.T.』という映画は、私たちに伝達というのはなにかという基本的なことも教えてくれています。E.T.は自分が来たところに帰りたいことを子どもたちの伝達する方法として電話（phone）と家（home）の二つの語を使い、成功したのです。ここでわかることはE.T.が英語の**言語規範**にのっとり、たった二つの語（英語では発音も似ている）で表現し、自分の考えを伝えることができたということです。
　このように私たちは自分の考えを他の人に言語で伝えるとき、文字か音声で表さなければなりません。言語表現は実際にこの二つの方法しかありません。けれども、このとき、文字表記にも音声による発話にも**話し手・書き手の感情**がいっしょについてきます。
　私たちはきれいな千円札でも汚れている千円札でも同じ価値のものとして扱いますが、受ける感じは違います。やはり、きれいな方が感じがいいものです。言語も同じ肯定の「はい」でも、楽しく受け取るときと、そうでもないときがあります。それは千円札と同じで、話し手の感情が「はい」についてくるからです。
　文字の場合も同じです。同じ履歴書でも乱暴な文字で書いてあるよりも、きれいに書いてある方が読み手に好ましい印象をあたえます。手書きでなくても、フォントでも明朝体とゴシックでは受ける感じが違います。これを意味と考えてはいけません。この相手に何らかの感情をあたえるものは言語表現といっしょになっていますが、言語ではありません。これを**非言語表現**といいます。この非言語表現を言語の意味ととってはいけません。この区別も三浦の業績の一つですが、あまり評価されていません。「はい」という肯定の返事もその人がやりたいこと、いいことなら「はい！」と元気よく返事するでしょうが、やりたくない・好きではないことなら「はい」と暗く言うかもしれません。
　この非言語表現を言語表現と区別をしないと言語の意味としてとられかねません。
　『日本語文型辞典』（くろしお出版、この辞書は例文・解説ともに総ルビに

なっているが、引用の際カット、以下『文型』)には、文型でもない「はい」(P489)が収録されていて、びっくりしますが、さらに驚いたことには「はい」が「肯定・承諾・応答・あいづち・喚起・追認」に分けそれぞれに例文が付けられて説明されていることです。これは意味ではなく、使い方(機能)で分けているから、細かくなるのです。ちょうど「はさみ」は何かを切る役目だけなのに、鉛筆けずりのかわり、あるいは文鎮がわりにもなると説明するようなものです。

　そもそも「はい」は基本的には「肯定(確認)」の返事の意味しかなく、文型を形成するはずがありません。にもかかわらず、この辞書に入っているのは、とてもおかしなことです。

　この辞書には「はい」が使われるいろいろな場面を例文で紹介していていますが、小学校で先生が「わかる人？」と言ったとき、全員が手をあげて「はい！　はい！」というのは上の分類のどれに入るのでしょうか。これは先生の立場から見れば「わかる人はいますか？」に対して「はい」という「肯定」になりますが、一方で先生にあててほしいわけですから「(先生の注意を引く) 喚起」ともとれます。また、人気テレビ番組『相棒』の杉下右京がよく言う「はぁーい？」という独特の「はい」という言い方は、非言語表現を伴って「聞き返し」の意味で使っています。ですから、分類しはじめると、切りがありません。一度基本的な意義を説明して、それから機能として細分類した方がいいと思います。いろいろな「はい」があるように感じるのは、そのとき話し手が「はい」といっしょに付いている非言語表現が一役買っていることがわかっていないからです。うれしければ「はい」と元気よく答えるだろうし、「あした試験があるよ」と言われれば、しぶしぶ「はい」と答えるでしょう。また「はい、お茶をどうぞ」という言い方は、「はい」が客体的表現から主体的表現に変わっています (6章参照)。

　『文型』の解説者は「すぎたるはなおおよばざるがごとし」という故事を味わってもらいたいと思います。「はい」を細かく分類する一方で「いいえ・いや」はとりあげていません。いやはやなんとも。

　以上をまとめますと、下の図のようになります。なんだか二つのものが多くて、まさに「ニコニコ物語」ですね。

　ここでいう「非言語表現」が言語表現ではないからといって、ノンバーバル (nonverbal) のことだと思わないでください。ノンバーバルというのは、

```
二つの概念→言語表現→ { ①文字＋非言語表現 } → 追体験
                    ②音声＋非言語表現
送り手側                                        受け手側
```

身振り手振りというもので、ボディ・ランゲージともいいます。もちろん表現の一種ですが、言語ではありません。言語表現に必ずともなう「非言語表現」とは異なっています。

同じ身振り手振りでも国によって伝達内容が違う場合もあります。ポリネシアでは多くの国で非礼とされている「舌を出す」ということがあいさつになっています。

文字・音声に非言語表現が必ずついてまわるということを指摘したのは、三浦の功績の一つです。誘拐犯が身代金を請求するとき、自分が犯人だということがわからないように、新聞を切り抜いたり、左手で書いたりします。タイプライターの文字やパソコンのフォントも機種が特定できます。音声の場合、機械を使って合成音にするのも同工異曲です。本人とわからないようにするためです。

『知らないと恥をかく「敬語」』（浅田秀子著、講談社、以下『敬語』）は第2部でもたびたび登場してもらいますが、ここではこの本の「けっこう」の説明を見ましょう。

> 「けっこうです」とか「いいです」という言葉は全く厄介だ。使い方やアクセントによって正反対の意味になってしまう（P254、原文は総ルビだが、引用にあたって省略、以下同）

この著者はアクセントと言っていますが、「非言語表現」がわかっていないので、こういう説明になってしまいました。次のページでは「**『けっこう』という言葉そのものの意味は『望ましく好ましい』である**」（P255、太字は原文以下同）と指摘していますが、「望ましく好ましい」のは誰にとってなんでしょう。実は「**話し手にとって望ましく好ましい**」のです。ですから、「コーヒー、どうですか」と聞かれた場合、話し手が飲みたければ「はい、けっこうですね」となるし、飲みたくなければ「いいえ、けっこうです」と言います。このとき、「非言語表現」もいっしょに伴うから、「はい、けっこ

うですね」のときは、明るい調子になるはずです。アクセントではありません。いらないときは当然その反対になります。「いいです」という言い方も同じような使い方をします。この場合も話し手にとっていいことなのです。

　もちろん、誤解する場合もあります。そういう場合「飲みます」とか「飲みません」と言うか「要ります」とか「要りません」などと言った方が誤解が少なくなります。

　『敬語』の著者は「『けっこう』は日本人でもイエス・ノーの識別ができないのである」(P256)とまで言い切っています。私たちはロボットではないから、会話するときは言語表現だけではなく、相手の表情・動作、そして言語表現に伴った非言語表現を総合して判断しています。日本人はイエス・ノーの識別ができないというのは不当に日本人観をゆがめています。正しく日本語を分析しないと、不当に日本語ないし日本人観をゆがめることになるいい例です。

5．コーヒーとカフェイン

　この章で「意味」とは何か考えて見ましょう。
　三浦は『日本語は』の中で子どもの言語習得にふれて次のように言っています。

> 　母親が幼い子どもに対して「これネコよ。いってごらんなさい、ネ、コ、……。」と話しかけるのは、言語表現を教えているのです。この母親の言語表現は、幼い子どもに、対象と表現とのつながりを示します(P65)。

　この「対象と表現とのつながり」は、この本の前の方(P44)で「音声や文字の種類にむすびつき固定された客観的な関係を言語の意味とよんでいるのです」にあたるから、「対象と表現とのつながり」を「意味」と見ていいでしょう。ただし、このとき、子どもは前章で説明したようにそれを社会的約束(規範)として把握します。他者と話すとき、自分勝手に「ワンワン」といいかえたら、通じないし、まちがった意味にとられてしまうということ

を理解して覚えます。言語表現は社会的約束に支えられているのです。
　図示すると、こんなふうになるかと思います。

　　意味　　（　対象＋表現（音声・文字）　）

　そして、それは客観的・固定された関係（目に見えない）で、社会的約束（規範）として把握されます。受け手は1回1回行われる話し手の言語表現から「そこにある関係を逆にたどって、かって背後にあった認識をとらえようとします」（『日本語は』、P44）。この際、「意味がわかった」とか「意味がわからない」ということが問題になるわけです。これがこれまで何回も説明してきた追体験という行為です。
　一方、文法学者がある語彙を分析して「この語彙の意味はこうだ」言ったり、辞書にこの語彙の意味を書いたりする場合は、別に対象を一つ一つずつ認識して表現しているわけではないから、前の「意味」と区別する必要があります。三浦は前者を「意味」、後者を「意義」と名づけました（『日本語は』、P63）。
　普通私たちはこれを意識しないで、日常の言語生活を送っています。けれども、今言ったように日本語を分析したり、辞書を編纂するときや言語教育などで、語彙や表現を特にとりあげるときに、あらためて**意味と意義の区別**が浮上してきます。日本語を教えるときも、日本語の語彙や表現を意識的に教えるわけだから、意義というものを把握する必要があります。
　『日本語は』には次のように書かれています。

　　このように、話したり書いたりした言語表現は、その「意味」は「意義」に相当するものがふくまれているだけに、経験を重ねていく中で「意味」の中の「意義」的なものをとりだすことができます（P63）。

　この説明のように意義は意味に含まれているから、意味から意義をとりだせばいいことになります。けれども、この「意味から意義をとりだすこと」(注)は、そう簡単にいきません。普段意義が意味に含まれているということを意識しないで使っているという点では、コーヒーとカフェインの関係に似ています。私たちはコーヒーを飲むとき、コーヒーの中にカフェインが含まれて

いることを、意識しませんが、カフェインが含まれていることは事実です。もちろん、このカフェインを取り出すことは、誰でもできるわけでなく、専門家がそれ専用の器具を使ってはじめて取り出し可能になります。

　同じように意味から意義を取り出すといっても、普通の人にはなかなかできません。それ相応の専門家と器具（ここでは理論）が必要になってきます。それが、この本で述べている三浦理論なのです。

　専門家でも、この意義を取り出すことはなかなか大変なことです。『ビミョーなコトバ辞典』（森田良行著、三省堂、以下『ビミョー』）の著者も「ふれる・さわる」でだいぶ苦労しているようです。

> 例えば「触れる／触る」では、「作品に手を触れてはいけません」は意思的な行為だが、「木の枝が電線に触れている」は自然発生的状況だ。「触れる」は意思の有る無しどちらの場合も見られ、手以外でも「袖（そで）がドアに触れる」のように、どこの接触でもよいが、「触る」は本来、掌（てのひら）での意思的な接触行為で、時には接触したまま多少の動きを伴うこともあり得る（下略）（P24）。

　なるほど「ふれる」は「意思の有る無しどちらの場合も見られ」るでしょうが、「さわる」との違いはそこにありません。「ふれる」の本質的な意義は「外気にふれると酸化してさびる」という文に答えがあります。つまり、「ふれる」の意義は図のように「AとBが今まで直接接触しなかったもの（覆い・蓋・カバー・距離など）がなくなって、直接接触すること」です。結果

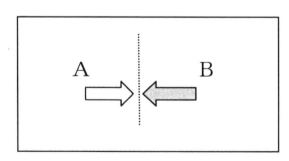

としてプラスの状況でもマイナスの状況でも使います。
　例文で検証しましょう。

プラスの状況。
（１）あとでその問題にふれましょう。→話題としてとりあげる。
（２）自然にふれる。→外に出て直接自然の中で遊ぶ。
（３）外国に行くと目にふれるもの、みんなめずらしい。→本・テレビではなく直接見て経験できる。
（４）ふれあい広場。→交流

マイナスの状況。
（５）その彫刻にふれないでください。→手で直接さわってはいけない。
（６）木の枝が電線に触れている（『ビミョー』の例文）。→木の枝が伸びるか、電線が切れるかしてあぶない。
（７）彼はそのことにふれると嫌がる。→話題にしてほしくない。
（８）子どもの目にふれないところに置いてください。→見えないところに置く。
（９）傷口にふれるとずごく痛い。→傷口に接触すると痛い。

　いかがですか。意義をとりだすのはそんなに簡単にいかないことがおわかりいただけたかと思います。第二部では、主に三浦理論により解明した（取り出したもの―カフェイン）意義を扱います。ただし、本書では「意味」は従来どおりの意味で使っています。

　　注：最近「コアとは、状況や文脈が変わっても、それに左右されることのないコトバの意味のこと」というのを立て看板にした「コア理論」なるものが登場しているが、「左右されることのないコトバの意味」とはここでいう意義のことである。

6．客体的表現・主体的表現

　三浦は『日本語は』の「絵画と言語との共通点」というところで「作者のとらえる相手を客体とよび、作者自身を主体とよぶなら、客体についての表現をすることが同時に主体についての表現を伴ってくることになります」(P17) と書いています。
　つまり、写真の場合は東京タワーの下で写真をとったものと上からとったものとは当然違ってきますが、同時に写真を撮った人がどこで写真をとった

第一部　言語とは

かもわかってしまうと言っているのです。そればかりでなく、写真を撮った人の見方（たとえば東京タワーの足だけ写すとか）写真を撮った人者の感情（たとえば、写真がブレていたり、作者があわてて違うものを写してしまったり）も表現してしまいます。

　三浦はそのあと続いて「**絵画や写真は客体的表現と主体的表現という対立した二つの表現のきりはなすことのできない統一体として考えるべきものであり、主体的表現の中には位置の表現と見方や感情との表現とが区別される**、ということになります」（同書P17〜P18、太字は原文）と書いています。

　そうすると、言語表現はどうなんだという問題になります。

　話し手がとらえることがらを客体的表現とし、話し手自身の立場・見方・感情などを主体的表現とすると、言語はこの**客体的表現と主体的表現の二つが分離しているところに特徴があります**。

　三浦は『日本語は』でこの二つの表現の違いについて次のように書いています。

　　一、客体的表現
　　二、主体的表現
　　一は、話し手が対象を概念としてとらえて表現した語です。「山」「川」「犬」「走る」などがそれであり、また主観的な感情や意思などであっても、それが対象としてあたえられたものであれば「悲しみ」「よろこび」「要求」「懇願」などと表現します。これに対して、二は、話し手の持っている主観的な感情や意思そのものを、客体として扱うことなく直接に表現した語です。悲しみの「ああ」、よろこびの「まあ」、要求の「おい」、懇願の「ねえ」など、〈感動詞〉といわれるものをはじめ、「……だ」「……ろう」「……らしい」などの〈助動詞〉、「……ね」「……なあ」などの〈助詞〉、そのほかこの種の語をいろいろあげることができます（P77）。

　これを品詞でもう一度整理しなおすと、次のようになります。
【Ⅰ】客体的表現：名詞・動詞・い形容詞[注1]・な形容詞[注2]・副詞の一部など
【Ⅱ】主体的表現：感動詞・助動詞・助詞など
　次のやりとりを見てください。

（1）Ａ：先生、こういうふうでいいですか。
　　　Ｂ：そうそう。お上手だわ。
（2）Ｂ：そうそう、あなたに言っておくことがあったわ。今度の秋の大会はあなたに出てもらおうと思っているのよ。

（1）は踊りの先生が弟子に踊りを教えているところですが、（2）は踊りの先生が何か思い出して言っている場面です。同じ「そうそう」が（1）から（2）へ「客体的表現→主体的表現」に変わっていることが分かります。（1）は弟子の踊り方を肯定している言い方で（2）は、言いたいことを思い出したときに使っています。

「机の上に本が**ある**」で使われる存在を表す動詞「ある」が、「我輩は猫で**ある**」では存在ではなく「判断」を表す助動詞として使われています。「机の上に本が**ある**」の否定の言い方は「机の上に何も**ない**」となって、「ない」という形容詞が使われていますが、「今日は学校に行か**ない**」「この本はおもしろく**ない**」という言い方では形容詞「ない」が助動詞化して否定の意味を表しています。品詞が変わる場合、苦し**む**・苦し**さ**・苦し**い**のように語尾を変える場合もあるし、「すし（古語：すっぱいという形容詞）→名詞」のように形が同じまま、品詞が変わる場合があります（第二部「粘土とすし」参照）。

三浦も『日本語は』で「『本がある』の『ある』が動詞なら、『本がない』の『ない』もやはり〈動詞〉ではないかと思う人もあるでしょう。この『ない』は〈動詞〉ではありません。〈形容詞〉です。なぜこれが〈形容詞〉のかたちをとるのでしょうか？同じ属性を扱う語であっても、対象をどうとらえるかによって〈動詞〉にもなれば〈形容詞〉にもなるという事実について、理解すればわかって来ます」(P156)と書いています。

このように「客体的表現」が「主体的表現」になって使われることを見落としてはならないのです（第二部1章参照）。

　　注１：「い形容詞」というのは国語教育でいう普通の形容詞のこと。
　　注２：「な形容詞」は形容動詞のこと。

第二部　日本語の分析

ただ現象的なものの追求からは文法学は生まれて来ない。
時枝誠記（『日本文法・口語篇』）

第二部　日本語の分析

1．粘土とすし

　子どもに粘土をあたえると、粘土でいろいろなもの—象・キリン・くるま・人・家など—を作ります。粘土でいろいろなものが作れるのです。しかし、粘土はどこまでいっても粘土で、粘土がプラステックになるわけではありません。つまり、形が変わっても内容は変わらないわけです。
　一方、「すし」という語は、「すしを食べる」のように、名詞（概念）として使いますが、古語では現代語の「すっぱい」にあたる「すし」という形容詞（属性）でした。つまり属性を表す形容詞から食べ物の一つを表すもの（概念）として名詞に変化したわけです。
　　このような形と内容の関係は、次の四通りになります。
【1】形と内容の両方が変わる。
【2】内容が変わらず形だけが変化する。
【3】形が同じで内容が変わっている。
【4】両方変わらない。
　このうち重要なのは、【2】と【3】です。たとえば、「行く」という動詞を「行きます・行く・行かない」と変えても、「行く」の意味が「食べる」という意味にはなりません。これを「粘土型」としましょう。
　一方、さっきの「すし」のように形が同じでも内容が変わっているものを「すし型」（固定されたもの）あるいは「すし型」になったりもとにもどったりする使い方を「すし型用法」と呼びましょう。語彙や複合した表現においては「すし型用法」は圧倒的に多いので、注意がいります。「すし型用法」になるのは、言語の特性でもあります。なぜならば、少ない語彙で用が足せれば、それにこしたことはないからです。
　たとえば日本語の形容詞は、もともと数が少ないとされてきました。日本語では「時間がはやい」のも、「スピードがはやい」のも「はやい」という形容詞一つですが、英語で early と fast の二つの語を持っています。ここから「同訓異字」ということが起こってきます。漢字で「早い」「速い」と書き分けます。英語が語彙数が多いわけではありません。英語の「hot」は「熱い・暑い・からい・新しい・はげしい」などのいくつかの形容詞にあたります。

もちろん、同一語の中で、なぜ意味が変化したのかということや、他の品詞に派生していくことなどは別に研究する必要があります。「うかがう」と「たずねる」という語がなぜ「道を聞く」意味から「人の家を訪問する」意味に変わったかは意味論や語彙論などの分野であきらかにしなければなりません。

　英語の「open」という語が、動詞・形容詞・名詞として使うように英語では多くの語が「すし型」です。また、中国語の「旅行」という語は、「旅行する」という動詞ばかりでばく、「旅行」という名詞でも使います。これも「すし型」の語です。日本語では「吹く」という語が形を変えることなく「風が吹く」は自動詞として、「笛を吹く」は他動詞として使われています。

　「自由」という語は名詞でしょうか、な形容詞（形容動詞）でしょうか。たしかに「自由の女神」という言い方では「自由」を概念としてとらえた名詞として使われていますが、「寮の生活は自由な時間が少ない」という文では「な」がついていることからわかるようにな形容詞として使われています。つまり、自由を属性としてとらえているのです。「自由の女神」を「自由な女神」とすると、女神が夜は自由にハーレムに遊びに行くような意味になってしまいます。また、「自由」の反対語の「不自由」は「動けない・できない」という意味の属性の反意語です。このほか「自然」という語も同様です。

　日本語を教えるとき、この「すし型」「すし型用法」には注意が必要です。特に、客体的表現から主体的表現に変わるものには十分注意を払わなければなりません。

　「すし型用法」は、語だけではなく、数種の語が合わさった複合表現にも「すし型用法」があります。たとえば、「とき」を過去の時制で使った「AしたときBした」という文型で文を作ってみます。

（1）京都に行ったとき、たくさん写真をとりました。
（2）ドアをあけたとき、人にぶつかりました。
（3）映画が終わったとき、雨が降っていました。

　前の文をA、後ろの文をBとしてそれぞれ文の構造を図解しましょう。

（1）京都に行ったとき、たくさん写真をとりました。

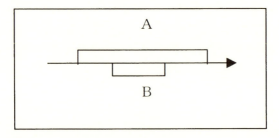

この文ではAが長く、Bが短くなっています。つまり、Bの時間帯はAの時間帯に含まれているのが特徴です。

（2）ドアをあけたとき、人にぶつかりました。

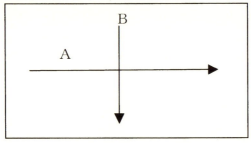

こんどはAの行為とBの行為が重なって、事故が起きた場合です。

（3）映画が終わったとき、雨が降っていました。

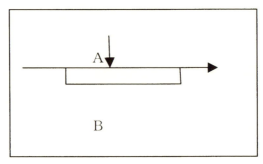

この文では（1）と反対にAとBが反対になっています。そして、Bの文は「〜ていました」か「〜でした」になるのが特徴です。

このように同じ「〜たとき〜た」でも、内容（構造）が異なっていることがわかります。まさしく、「すし型用法」なのです。

2．こそあど

「こそあど」というのは「これ・それ・あれ・どれ」「ここ・そこ・あそこ・どこ」「この・その・あの・どの」などの語頭をとった総称のことです。この「こそあど」も簡単なようで、奥が深いから、認識論がなければいろいろな用法が解明できません。

常識的には「これ・それ・あれ」は次のような説明がされています（『広辞苑』、以下『広』）。

【1】「これ」は「空間的・時間的または心理的に話し手の近くにあるものを指し示す語。
【2】「それ」は、空間的・時間的または心理的に相手の近くにあるものを指し示す語。
【3】「あれ」は、空間的・時間的または心理的に自分からも相手からもへだたっている物または場所を指示する語。

「こそあど」に関するいくつかの問題を考察して行きましょう。

三浦は『日本語は』で「『これ』には、話し手と対象との距離が『こ』と表現されています。いいかえれば、対象と話し手とは『こ』の関係に立っているのです（太字は原著）」(P124) と言っています。それに続いて「関係ということは二つの事物の間に成立つのですから、現実に一人しかいない話し手が自分と関係を持つということは奇妙にも思われるでしょう。しかし、ここに、一人称ばかりでなく、言語全体に関した、いな**表現全体に関した大問題を解く鍵がひそんでいるのです**」と言っています（太字は引用者）。

ここで言っている鍵とはすでに第一部でお話した「観念的自己分裂」のことです。現実に一人しかいない話し手が自分と関係を持つということは、話し手が「観念的自己分裂」して自分を対象としてとらえて「わたし」という一人称を使うと言っているわけです。こうした言い方は選挙などで「この○○に1票を！」と叫んだり、暴力映画で「この俺を殺す気か！」などと言ったりする例を見ても、自分を対象化して「この」と言っていることがわかります。

第二部　日本語の分析

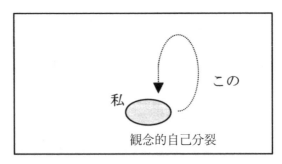

「こそあど」を認識論からみると、次のようになります。
【1】「こ」系は、話し手が対象が自分の領域にあるとき使う。
【2】「そ」系は、話し手が対象が受け手の領域にあるとき。および自分の領域にあっても相手にゆだねたとき使う。
【3】「あ」系は、対象が話し手と受け手からはなれた領域にあるとき使う。
　上の【2】の「ゆだねる（渡した）」というのは、もともと話し手自身の領域にあったものでも、相手にゆだねた（渡した）と判断したときにも「そ」系を使うからです。たとえば、歯医者で自分の歯であっても、医者に「この歯ですか」と聞かれると、「え、**その歯**です」というように使います。また、自分が持っていた本を相手にわたして「**その本**、おもしろいですよ。読んでごらんなさい」と言います。

○「出口はすぐそこ」
　次のような場面を考えてください。
　あなたが散歩していて、誰かに最寄の駅をたずねられたとき、どう言うでしょうか。「あ、あそこが駅ですよ」とか「あ、駅はすぐそこですよ」などと言うでしょう。「あそこが駅ですよ」は自分からも相手からもへだたっているから、当然な言い方でしょうが、「駅はすぐそこですよ」というのは、なぜでしょうか。まちがった使い方なのでしょうか。同様な表現は他にも見ることができます。高速道路を走っているとき「○○ホテルはすぐそこ」（Bタイプ、後述）などという看板を目にすることがあります。
　上の二つの例では「そ」のグループを使っています。これをとく鍵はやはり「観念的二重化」で、話し手は、**受け手がそこの場所に行くだろうという想定**のもとに使っているのです。そうすると、図のように話し手と受け手の

位置関係はちゃんと「そ」になっていることがわかります。

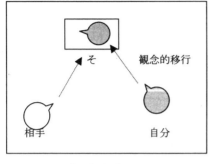
〈Aタイプ〉

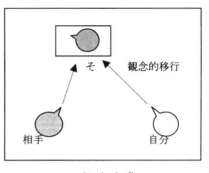
〈Bタイプ〉

　買い物に行く途中で近所の人に「おでかけですか」聞かれたとき、はっきり言いたくなければ、「ちょっとそこまで」と答えるのが、〈Aタイプ〉です。
　敵陣に攻め入るときの「掛け声」の「それ！かかれ！」も、A・B二つのタイプがあります。忠臣蔵の大石内蔵助のように門に立って、自分が中に入らなければ、〈Bタイプ〉。『鬼平犯化帳』の鬼平こと、長谷川周蔵のように自分でも敵の屋敷に攻め入るときは〈Aタイプ〉です。もちろん、この場合も「それ」は具体的なことがらを指すのではなく、主体的な表現に変わっていることは言うまでもありません。
　「そ」系も、主体的な部分が多くなると、必ずしも図のような構造をとらずに感性的な表現に変わっていきます。
（1）（踊りの掛け声）あー、そりゃそりゃ。
（2）お客：来るときに雨に降られましてね。
　　　主人：それは、それは、大変でしたね。
　一方、「これ」を主体的表現として使うときは**相手の注意を自分の方に引き付けたり、自分のおどろきとしてとらえたりする**意味になります。
（3）（古風な使い方）これこれ、亀をいじめてはいけないよ！
（4）（めずらしい客が来た）これはこれは、おめずらしい！

○二つの「そ」
　日本語の接続詞には「そして・それから・それも・そうして・そのうえ」と、ちょっと考えても「そ」系が多いことに気づきます。その理由は「そ」

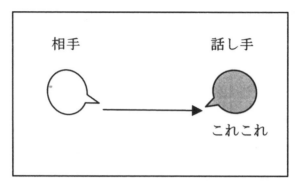

系のもう一つの用法——自分が持っていたものを相手に**ゆだねた**（渡した）ときも使う——があるからです。

　たとえば、ある男が恋人の誕生日に花を買ってあげました。ところが、その恋人は花をゴミ箱に捨ててしまいました。それを見て男は「あ、その花は高かったのに！」と嘆きました。自分が買った花を相手にあげたけれども、恋人はいらないから、その花を捨ててしまいました。つまり、自分が持っていたものを相手に渡したから、「その」と言ったのです。このように**自分が話したことを相手に聞かせる**ときも同様に「それでね、それから、そして、……」というように話題をどんどん相手に渡しているのです。接続詞及び接続表現に「そ」が多い理由はこのことによるのです。

　また、誰かから聞かれたことにあまり答えたくなかったり、遠慮したりして言う場合、「そのー」と言って切り出すことがありますが、この「そのー」も具体的になにかを指すわけではりません。これも「客体的表現から主体的表現」に変わっています。「あのー」と違うのは、「あのー、すみません。この近くにコンビニありますか？」のように自分から話し出すのではなく、**相手から聞かれたときに使う**点が異なっています。(注1)

〇それで・だから

　ここで、上の二つの接続詞を整理しておきましょう。『文型』の「それで」は、「理由を表す言い方」（P174）という説明だけで、実に明快です。しかし、そんなことを言ったら、「だから・というのは・なぜならば」などと区別がつきません。

　時枝誠記は『日本文法』（原文は旧仮名遣い、旧漢字）で次のように書いて

います。

> 接続詞は、従来、極めて軽く扱われて来たが、それは従来の文法研究の対象が、語もしくは文の範囲に限られて居たがためである。(中略)しかし、もし文章を思想の展開と見るとき、文章を構成する個々の文の関係ということが重要になって来る。その場合、注意の焦点は当然この関係に重要な役割を持つ名詞、接続詞に注がなければならないのである。そして、接続詞成立に、代名詞が重要な関係を持つことは以上の説明で明らかにされたと思う（P170～P171）。

「接続詞」および「代名詞」に対して注意をうながしていますが、三浦的に言うと、認識論を欠いたら、「接続詞」も「接続表現」も解けないでしょう。なぜなら、「接続詞」も「接続表現」も簡単なようでも、背後に話し手の運動を隠し持っているからです。

「それで」は「それ＋で」で、この「で」は助動詞の「で」です。この「で」は、断定の助動詞「だ」の連用形です。私たちは飲み会などで「中締め」ということをします。これは時間の都合などで途中で帰らなければならない人のために、いったん会を終えた（締める）形をとり、また会を続けていきます。形の上ではいったん会が終わるけれども、続いているのです。矛盾していますが、現実の必要性からそうします。助動詞「で」もこの「中締め」にあたります。終止形の「だ」のように断定はしますが、連用形なので、ことがらが完全に終わっておらず、次に続いていきます。まさに、中止法です。ですから、「それで」は、「ことがらAを展開して一度中締めをし、次のBに続いていく」使い方をするわけです。

甲と乙の二人の会話で「それで」を使った例で考えてみましょう。

（４）（話し手「甲」が「乙」に）甲：朝寝坊しちゃった。**それで**、1時間目の授業、サボっちゃった。〈Aタイプ〉

（５）甲：朝寝坊しちゃった。
　　　乙：あ、**それで**、1時間目出なかったのね。〈Bタイプ〉

（６）乙：甲ちゃん、また1時間目の授業さぼったって。きっと、寝坊したんだわ。**それで**、遅くなったのね。〈Aタイプの裏返し〉

（７）甲：目覚ましがこわれちゃってね。

乙：それで？〈Cタイプ〉
　　　甲：それで、大変だったんだ。1時間目の授業のテスト受けられなかったんだ。
　　　乙：で、どうなったの？
　　　甲：しかたがないから、追試にしたよ。
〈Aタイプ〉は話し手自身がことがらAを説明してから、さらにBのことがらに言及していきます。
〈Bタイプ〉は乙がある事態を追認して次にBのことがらを述べています。いわば**自分**で**納得**しているわけです。
〈Cタイプ〉は話し手がことがらAについて言いますが、途中でやめたので、聞き手は、早くBに言及するよう話し手を**せかしています**（早く追体験したいのです）。会話では「それで」の「それ」が省略された「で」だけでもよく使います。
　これに対して、「だから」は因果関係を表す助詞「から」と判断の助動詞「だ」の複合表現だから、次の例文のようにはっきりAの理由を述べ、Bだと判断したことを言う表現になっています。つまり、因果関係についてとりあげる表現です。
（8）きょうは日曜日です。**だから**、学校はありません。
（9）あのレストランは安くて、おいしいです。**だから**、いつも混んでいます。
（10）伊藤さんは日本人です。日本人は日本語を話します。**だから**、伊藤さんは日本語を話します。
　この（10）は論理的な文脈で使われています。
「だから」も「それで」のように三タイプの会話例を作ってみましょう。
（11）（話し手「甲」が一人で）甲：朝寝坊しちゃった。**だから**、1時間目の授業、サボちゃった。〈Aタイプ〉
（12）甲：朝寝坊しちゃった。
　　　乙：あ、だから、1時間目出なかったのね。〈Bタイプ〉
（13）乙：甲ちゃん、また1時間目の授業さぼったって。きっと、寝坊したんだわ。**だから**、遅くなったのね。〈Aタイプの裏返し〉
（14）甲：目覚ましがこわれちゃってね。
　　　乙：だから？〈Cタイプ〉

甲：遅刻して、１時間目の授業のテスト受けられなかったんだ。
　乙：**だから**、どうしてほしいの？
　甲：**だから**、先生のところいっしょに行って頼んでほしいんだ。

　「だから」を〈Cタイプ〉で使うと、聞き手「乙」が追体験しにくいか、追体験しても意図的に相手「甲」の真意を聞きただそうという、いわば詰問のような形になっていて、相手の結論が聞きたいのです。〈Cタイプ〉の「それで」は、**話をはやく進めさせる**のに対し、「だから」は**結論を聞き出す**のです。

　『文型』の「だから」の説明では「１〈帰結〉　２『だから…のだ／…わけだ』　３〈質問〉」の三つに分けています（P186）。例文（11）の〈Aタイプ〉が〈帰結〉、（12）の〈Bタイプ〉が「だから…のだ／…」わけだ」、そして（13）の〈Cタイプ〉が〈質問〉にあたります。「３〈質問〉」の解説では「『それで』『で』に置きかえられる」と、「だから」と「それで」を同じにしてしまいました。だから、「それで」の分析のときも「理由を表す言い方」と簡単にすまさないで、この三つのタイプがあることを示さなければならなかったのです。そうすれば、「それで」と「だから」の〈Cタイプ〉の使い方の違いがわかったでしょうし、〈Cタイプ〉が単なる「質問」ではないこともわかったのですが、後の祭りです。

　「それで」と「だから」の違いは、話し手の認識の違いによります。だから、いくら文を見ても、違いがはっきりわからないので、後ろの文を見て、ああだこうだと言っているわけです。結論はこじつけになるだけです。『日本語類義表現の文法』（宮島達夫・仁田義雄編、くろしお出版、以下『表現の文法』）の解説者は「ソシテとソレデとソレカラ」（P575）の項でも、認識論を欠いているため、それ自体でなかなか解けずに、後ろに来る文（後続文の類型）によって分析しようとしています。

　両者の違いを認識論的に図解してみましょう。

　「それで」は話し手の関心は、因果関係の結果を述べるのではなく、**ことがらの経過・進展を述べる**ことに向いています。〈Cタイプ〉では会話が動かないから、聞き手は話し手に話の（経過）続きをうながしています。

　一方、「だから」は話し手の視点がことがらをとらえたところから動かず、結論を出します。このことから「だから」は、一方的に話し手が「原因・理由」ととらえたことがらを聞き手に押し付けることになります。[注4]

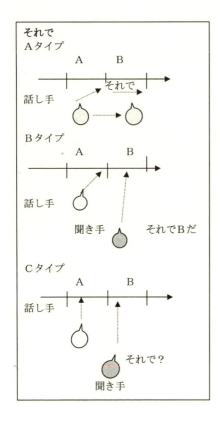
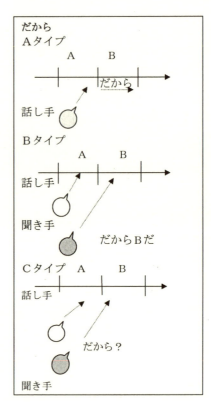

○そして・それから

　もともと言語は、音声でも文字でも「線条的」であって、先に述べれば、受け手は必然的にそれを先にとります。たとえば、「わたしは毎日7時に起きます。顔を洗います」という文では、特に接続詞を使わなくても、「7時に起きます」の方を先にとるでしょう。しかし、それでは不安定なので、「わたしは毎日7時に起きます。そして、顔を洗います」というように「そして」を使うことによって二つの行為の順序をはっきりさせます。このとき話し手は、実際にその行為を行わなくても、下図のように頭の中で**ことがらの変化・動きに合わせて観念的に移動し、その都度対象を把握して表現**します。

　二つの行為の時間差をはっきりしたければ、「それから」を使って、「わたしは毎日7時に起きます。それから、顔を洗います」と言えばいいのです。

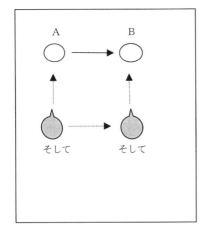
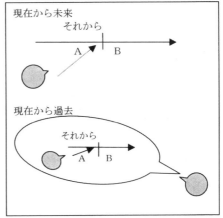

　ですから、「そして」と「それから」の違いは、上図のように話し手が二つのことがらを異なってとらえることから来ています。例文をいくらとっかえひっかえしてもわかりません。両者の違いは話し手の認識の違いによるもので、その違いが文には表れていないからです。

　『文型』の「そして」の説明を見てみましょう。次のように二つに分けています（P170、太字は引用者）。

　　1　〈並列〉：ものごとを並べ上げ、つけ加えるのに使う。「それに」とだいたい同じだが、「そして」のほうが**書きことば的**。
　　2　〈継起〉：出来事の時間的順序を表すのに使う。（中略）やや**書きことば的**。

　あらら、「そして」を「それに」と同じ意味にしてしまいました。それに、「書きことば的」ですって！最近はインターネットで動画が見られますが、料理教室の動画でもヨガ教室の動画でも解説者は、「そして」が「書きことば的」なのにかかわらず、「そして」を圧倒的に使っていますよ。なぜでしょうか。さきほどの図をもう一度見てください。話し手は、実際の移動でも観念的な移動でも、話し手の認識が動いて、その都度ことがらをとらえています。ですから、料理やヨガなどの説明をしていくときは、話し手自身そのものが動いているわけだから、「そして」を使って説明すると、都合がい

いのです。
　一方、「それから」は、現在から未来のことを言う場合は、①A、B二つの行為を並列してとらえる②A、Bの時間的な差をつける、などの使い方をします。現在から過去のことを言う場合は、話し手は過去の一点にとんで、現在から未来のことを言う場合と同じようなとらえ方をします。上の図のように二重になっています。
　実は、ここで「～て～」と「～てから～」の代理戦争が起きています。「そして」は「そうして」から来ているし、「それから」の「から」は「～してから」と同じ助詞の「から」です。（9章参照）。

○それに・そのうえ
　『文型』の「それに」の説明は「1…それにN　同じようなものを次々に付け加えるのに用いる。同じく付け加える言い方だが、『そのうえ』『しかも』に言いかえられない。2…それに　同じようなものを次々に付け加えるのに用いる。『そのうえ』『しかも』で言いかえられる」(P177)とありますが、例によって、なぜ「1」の場合は言いかえられないで、「2」が言いかえられるのか説明がありません。
　『文型』の「それに」の「1」の例文をあげてみましょう

・部屋にはさいふとかぎ、それに手帳が残されていた。
・用意するものは、紙、はさみ、色えんぴつそれに輪ゴムです。

　この「1」の例文は平面的に二つのことがら（もの）を並べているだけです。これが『文型』が「そして」の解説で「それに」と置きかえられると言っていたものです。
　次は「それに」の「2」の例文です。

・このごろよく眠れない。それに時々めまいもする。
・そのアルバイトは楽だし、それに時間給もいい。

　この「2」の例文では、話し手が主観的にことがらをとらえ、＋の感情だったら二つとも＋、―の感情だったら、二つとも―のことがらを累加させ

ます（7章参照）。この使い方が「そのうえ・しかも」に言いかえられるのです。

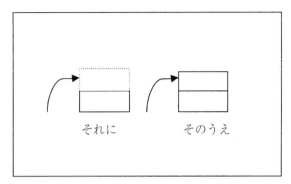

「その上」は文字通り同じようなことがら（＋だったら＋、－だったら－）を上に積み重ねて行きます。

○「あのー」「あれ？」
　「あ」系は「あのー、ちょっとすみませんが」とか「あれ？　ここにあったペン知らない？」などという言い方をしますが、なぜ「あ」系なのでしょうか。
　すでに見たきたように「あ」系は、話し手と聞き手から遠い対象を指すとき使います。このことから遠くにある対象に対して**相手の注意を引く**ことができます。
（1）あれ見よ！　かしこのの森（早稲田大学校歌三番）
（2）あんな高いところに人がいますよ！
　けれども「あのー、ちょっとすみませんが」とか「あれ？　ここにあったペン知らない？」などの例はそうではありません。特に指す対象がなく、自分から言い出していることです。これを解くには①観念的自己分裂②客体的表現から主体的表現への変化というの二つのことを理解しなければなりません。
　もっと例をあげましょう。
（3）（商店でお店の人がいないとき）あのー、すみませんが。
（4）（自分からたずねるとき）あのー、ちょっとよろしいでしょうか。
（5）あれ？ここにあった本知らない？

第二部　日本語の分析

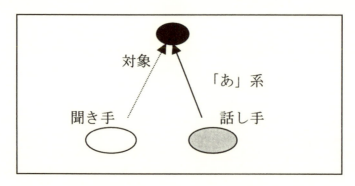

（6）あのねー、成績がさがったのは、あなたが勉強しないせいでしょ！
（7）（踊りの掛け声）あー、ありゃありゃありゃさ。

　上の「あ」系の例文は「客体的表現から主体的表現」に変わっていて、話し手のおどろき・疑問・よびかけなどの感性的表現を表しています。あれ？まだおわかりになりませんか。まだまだ「こそあど」の主体的表現は調べてみる余地がありそうですね。

　　注1：こういう指示代名詞が主体的表現に変わって使う例は韓国語の「クー（それ）」、中国語の「ナーガ（あれ）」ベトナム語「ナイナイ（これこれ）」などにも見られる。
　　注2：時枝誠記は「代名詞や接続詞は、建築物に於ける廊下や階段にもひとしい任務を持っている」（『日本文法』、P291）とも書いている。
　　注3：三浦が言う「鉄道の連結器」（『認識と言語の理論』第三部、P172）にあたる。
　　注4：最近「なので」といういい方が使われだしている。これは「そういうわけなので」の「なので」を独立させて、接続詞として使っている。「だから」よりやわらかいためだと思われる。

3．横浜は東京の手前

〇前・先
　最初に「前」という語から見てみましょう。
　今あなたが応接間でお客とテーブルを挟んで座っているとします。そのテーブルの上にはお茶がおいてあります。この場面を次のように言うことが

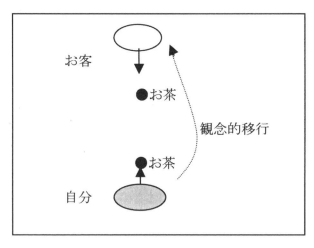

できます。
（1）私の前にお茶があります。
（2）あなた（お客）の前にお茶があります。

　一見なんの変哲（へんてつ）もない表現のようですが、よく考えてみると、（1）の文は自分自身から見て、「私の前」と言っているのに対して、（2）の文はお客から見て「あなたの前」といっているのです。ということは、自分の視点が図のように観念的に移行して「前」と言っていることがわかります。この場合、表現の背後に対象に対するかくされた認識があるわけですが、現象的にはあなたと反対方向（ひっくりかえる）になっています。

　「前」には、この「相手の立場に**観念的に移行する**」という点で、「先」と異なっています。「先」は図のように話し手の視線の同一方向の一番遠い端を指します。「一寸先は闇」は話し手の視線の向こうはわからない、転じて人は将来のことはわからないという意味です。(注)

　『理想の国語辞典』（国広哲弥著、大修館書店、以下『理想』）では「さき」を細かく分類して考察しています。「この多様な意味も、一つの**現象素と視点の位置**を組み合わせることによって、**統一的に説明することが出来る**」（P249、太字は引用者）と言い切っています。しかし、その説明は「現時点」「時空間推義」「客観的視点」「原現象素」などと特殊の用語を作りだしたり、「省略表現」などと自分の都合がいいような説明を繰り返すばかりで、統一的な説明になっていません。分類するだけでは、科学と言えないし、複雑化

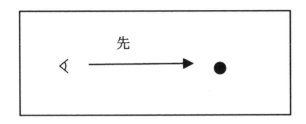

することも、科学とは言えません。。科学はアインシュタインが言うように「散らかった中から簡潔さをみつけなければならない」のです。

また、『現古辞典』(古橋信孝・鈴木泰・石井久雄著、河出書房新社)という辞典でも「さき」をこんなふうに解説しています。

> ところが「これから先」と未来をサキという場合もある。過去も未来もサキというわけだ。これは、現在を中心にして過去も未来も同じと考えている時間観を示している。**現在は過去、つまり始祖の世に基づいており、その繰り返しなのだから、当然未来も予想できるわけで、同じ言葉で表すことになる。循環する時間認識なのである**（P307、太字は引用者）。

古代人が「〜さき」を使うからといっても、なにも「始祖」など意識していないと思います。古語においても現代語においても人間の認識がそれほど変わるわけではありません。「先」が話し手の関心の違いにより、「ひっくりかえった」（観念的移行）だけなのに、「始祖」とか「循環する時間認識」などと苦しい説明をしています。しっかりした認識論がないと、古代語の分析

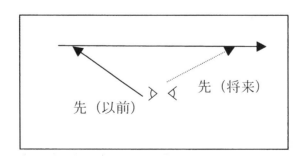

でも恣意的で言いたい放題になってしまうといういい例です。「先」は古語でも現代語でも、図のように話し手の視点が変わった（ひっくりかえる）だけです。この場合話し手が現在をふまえているのが特徴です。「始祖」など関係ないと思います。

　次の古文の例は（3）が将来、（4）が過去の意味で使っています。
（3）万の事、先（将来のこと、引用者注）のつまりたるは、破れに近き道なり（徒然草83段）
（4）先（以前のこと、引用者注）の春も、花見に尋ね参り来しこれかれ（源氏物語・総角）

　もう一つ別な例を考えて見ましょう。
　いま、あなたは次の図のように駅を背にして、駅前にいたとします。そして、銀行の手前にある噴水の位置を教えるとき、銀行を基準にして「銀行の前に噴水があるよ」と言うでしょう。これはいま言った観念的移行によって

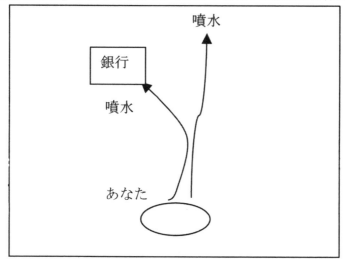

いるわけで、あなたの目の前に噴水があるわけではありません。ところが、「銀行の前に噴水があるよ」の「前」を「先」に変えて、「銀行の先に噴水があるよ」と言ったらどうでしょう。噴水は銀行よりもっと遠くの方にあることになります。

　「前」と「先」の時間表現の例文をあげてみましょう。
（5）食べる前に手を洗う。

（6）家に帰って一番先にうがいします。
（7）三年前の大学の入学試験の前の日はよく眠れなかった。
（8）三年先はどうなっていることやら。
（9）クレオパトラは死ぬ前日不吉な予感を覚えました。
（10）試験の前の日はお風呂に入ってよく寝てください。
（11）先日はけっこうなものをいただきまして。

　すでに見たように「先」は「話し手の現在の視点から一番遠い端の部分を指す」わけで、未来に視点が向けば「三年先」となるし、過去に向けば「先日」「せんだって」などという言い方になります。「さっき・ついさっき・さきほど」も現在から見て少し前に起こったことがらについて言っています。このように「先」は、**常に話し手がいる現在を基準にしている**点が「前」と異なっています。（6）の使い方は、複数のことがらでどれを一番はやくやるかについて言っています。

　「前」は図のようにどこへでも「観念的移行」ができるから、（7）（9）（10）の例文が成立するわけです。

　「お先にどうぞ」は相手を先にする言い方ですが、「お先に失礼します」という言い方の方は、下のように話し手が残った人の立場に**観念的に移行**して、その立場から見て「お先に」と言っています（6章「ブーメラン用法」参照）。

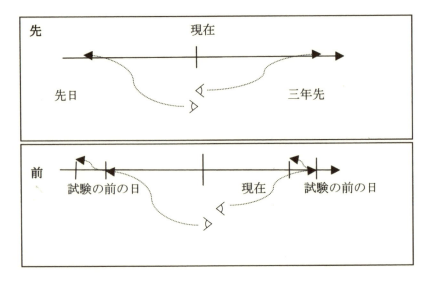

ある夫婦がいっしょにパーティーに行くことになりましたが、奥さんが仕度に手間取り、しびれを切らしたご主人が「先に行くよ」というのも同様です。ご主人は奥さんの立場に移行しそこから見て、「先」と言っているわけです。

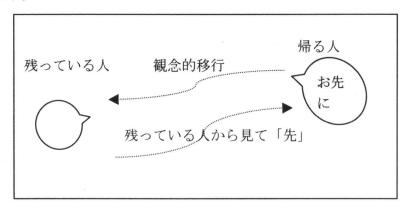

○手前

　「手前」という語も、調べてみるとおもしろいことがわかります。「手前」という代名詞は「てまえどもではそうような物を扱っておりません」では、一人称。「おてまえは〜」「てめえは〜」の場合は二人称として使っています。

　三浦はこうした使い方について『日本語は』（P128）の中で「おのれ」の例をあげて、こうした使い方を「ひっくりかえしたかたち」（次章「ひっくりかえる」参照）と言っています。

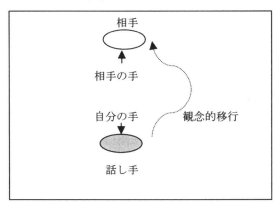

49

これは「おのれ」だけでなく、「われ」や今あげた「手前」などに共通した使い方であることがわかります。前頁の図のように自分の「手」の前にあるもの、つまり自分にとって近いものだから、「手前」が一人称になります。ところが、相手の「手」に観念的に移行すると、その「手」の前にあるもの、つまり相手だということで二人称になります。つまり、**認識の基点として**「手」が使われているのです。これで、なぜ「手前」が一人称になったり、二人称になったりするかがわかりました。また「手」がなくても、そういうとらえ方（観念的移行）をすれば、「おのれ・われ・僕」がなぜ下の例文のように「一人称→二人称」に使えるのか説明がつきます。
（1）僕はよしおと言います。（一人称）
（2）（迷子になった子どもに）**ボク**、名前は？（二人称）
（3）おのれに克つ！（一人称）
（4）おのれ！　おぼえてろ！（二人称）
（5）われは海の子、白波の……。（一人称）
（6）われ、どこのガキねん？（二人称）

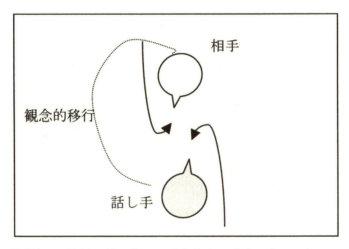

　また「手前」を位置関係に使った「交差点の**手前**の路地を左に入ってください」「横浜は東京の手前にあります」という文では、自分に近い方を「手前」で表します。

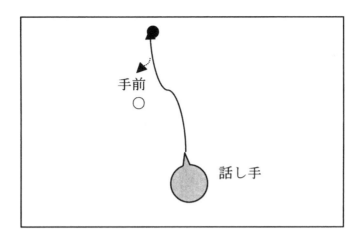

○人

　人という語も、おかしな使い方をしています。
（1）よく人の言うことを聞くんですよ。
（2）人には親切にしなければならない。

　普通はこの例のように自分以外の人、つまり、他の人のことを言います。でも、妹に自分の化粧品をよく使われて、怒った姉は「人のものさわらないでよ！」と言うでしょう。
　この場合は、いくら親しい妹でも、勝手に使われて困っているわけだから、妹の立場から「姉も他の人、つまり妹から見て他人だ」ということで、わざと「人」という語を使って、親しい仲でも姉妹の関係をはっきり区別しようとしているのです。

　　　注：このほか「行き先」とか「宛先」などという語も同じとらえ方をしている。
　　　「この先」は①「この先は行き止まりです（空間）」②「（景気が悪い）この先
　　　不安だ（時間）」の二つの使い方がある。

4．のびちぢみ

「寝るとき、歯をみがく（①）」の文の「とき」と、「写真をとるとき、笑います（②）」の文の「とき」では、表現されている時間の長さが違うことがわかります。「とき」という語は、①では「前」の意味で使っています。(「すし型」参照)。

空間を表す「ここ」も同じようにのびたりちぢんだりします。歯医者に行って、自分の歯を指して「ここが痛いんです」と言えば、歯のことですが、「ここはオレの部屋だ」と言えば、歯より広くなっています。さらに「ここは東京だ」と言えば、もっと広くなっています。

「行きます」という動詞も「ちょっと、トイレに行ってきます」と言えば、自分のいる空間（たとえば部屋の中）からトイレまでの移動を表していますが、「あした大阪に行かなくちゃ」と言えば、今大阪以外（たとえば東京）にいる人が大阪に移動することを言っています。

こうした空間が「狭い⇔広い」になったり、時間が「短い⇔長い」になったりすることを「のびちぢみ」と名づけましょう。この「のびちぢみ」はどの外国語にもあります。もし、厳密に何メートルとか何時までなどと決めたら、私たちはいつも巻尺や時計を持ち運ばなければなりません。**厳密に決めないことが言語の運用を楽にしている**のです。

どの外国語も朝は何時から何時までと決めていないし、「若い」も何歳から何歳までと決めていません。色も「赤い」と言語で表現する場合、「顔が赤い」と言っても、相対的に言っているわけで、赤鉛筆の「赤」とは違います。ただし、厳密に決めたいときは、別です。定規で正確に長さを測ったり、カラーチャートというものを使って決めます。

「のびちぢみ」ができるのは、もちろん話し手が頭の中で**観念的に**おこなっているからです。「現在進行形」といわれているものも「のびちぢみ」をします。「（教室で）いま何読んでいるの」と聞かれた生徒が「いま、国語の本を読んでいるんだ」と答えました。また、バスの中で友だちに「いま何か読んでいる？」と聞かれて「いまトルストイの『戦争と平和』を読んでてね。もう半年もかかっているよ」などと答えます。最初の使い方は狭い進行形、あとの使い方が広い進行形です。

このように空間・時間を「のびちぢみ」としてとらえて表現することがわかりましたが、過去・現在・未来はどうとらえるのか考えてみましょう。
　三浦は『日本語は』で「過去現在未来は、属性ではなく、**時間的存在である二者の間あるいは二つのありかたの間の相対的な関係をさす言葉にほかなりません**」と言っています（P216、太字は原文）。
　やさしく解説しましょう。
　最近は新幹線や特急などが多くなり、二人がけの座席が向かい合っている列車は少なくなったようですが、私たちはそうした列車に乗る場合、たいてい列車の進行方向に座ります（①）。進行方向の座席がふさがってくれば、反対側、つまり列車の進行と逆にすわります（②）。やがて、列車がこんできて席がなくなれば、通路側に立ちます（③）。

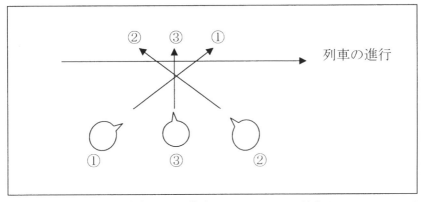

　列車の進行を時間の進行に置き換えて、この三つの見方をみてみたら、どうでしょうか。
　①は時間の進行方向と同じ方向、これが**未来**の見方です。
　②は時間の進行方向と反対の方向、これが**過去**の見方です。
　③は時間の進行方向と直角、これが**現在**の見方です。
　実際の列車では席を入れ替えれば、見方が変わりますが、時間の場合、話し手は頭の中で**観念的に**移動します。このことを三浦は『日本語は』で「**過去から現在への対象の変化は、現実そのものの持つ動きです。これを、言語は、話し手自身の観念的な動きによって表現します**」（P218）と言っています。
　ここで重要なことは【1】その関係は相対的であること【2】話し手が①

〜③を観念的に移動できることです。

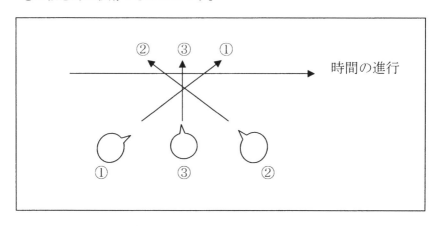

　日本語ばかりでなく、どの言語でも空間表現を時間表現に転用する方が多いのです。その理由は空間表現の方がやさしいからだと思いますが、日本語でも前にあげた「前・先」をはじめとして、多くの語や表現が空間表現から時間表現に転用されています。反対の例、つまり、時間から空間に使われるものはきわめて少ないと言えます。

　そういう意味で『理想』のように「『あと』が時間的表現が先で、あとから空間的表現に使うようになった」(P190) と言うのであれば、その根拠を示さなければなりません。この本の著者自身も別なところでは「**空間的な事物は目に見え、時間は直接には目に見えないので『空間→時間』の比喩の方向が基本であると一応考えられる**」(P215、太字は引用者) と言っているから、「あと」だけ例外になります。なぜ「あと」が例外なのか説明しなければなりません。自分の都合のいいときに例外をもうけて説明するのは科学的な態度とは言えないでしょう。

　ここでは以下「うち・あいだ・ところ・なか」をとりあげて、「空間→時間」の点から考察していきましょう。

○〜うちに
　「雨が降る前に洗濯物を入れる」はわかるけれども、「雨が降らないうちに、洗濯物を入れよう」という言い方はわかりにくいという日本語学習者が多いようです。まだ雨が降っていないのだから、入れる必要がないというのが、

その理由です。確かにまだ雨は降ってきていません。けれども、この言い方は図のように話し手が空模様などから判断して、雨が降ってきたときではおそいから、前もって洗濯物を入れようと思っているのです。「雨が降る前に洗濯物を入れる」では、「雨が降ってからではおそい」という話し手の**心配**が表現されていません。

「うち」は「内」の意味からきていると思います。その時間**内**にしなければ、つまり、時間の**外**ではできないという意味で使っています。

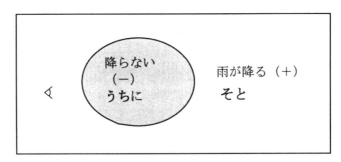

この「うちに」という表現の使い方は「〜ないうちに」のように否定形だけではなく、「わかいうちに勉強しておけ（年をとったらできない）」のように形容詞、「日本にいるうちにいろいろなところを旅行する（自分の国に帰ったらできない）」のように動詞、「（サッカーの試合を見に来て）今のうちに帰りの切符を買っておこう（あとでは込んでなかなか買えない）」というように名詞などがきます。

『文型』の「うち」の説明では「ある期間続くことを表す表現と共に用いられて、『その状態が続く間に』『その時間内に』という意味を表す」（P48）となっていて、**話し手の心配**（あやぶんでいる気持ち）、**あとではできない**という点はとりあげられていません。けれども、この辞書が例としてあげている次の六つの例文中四つが「**話し手の心配、あとではできない**」という意味で使われているのです（→以降の文は引用者）。

・朝のうちに宿題をすませよう。→日中は暑くてできないから。
・朝のすずしいうちにジョギングに行った。→暑くなると、できないから。
・ひまわりは留守のうちにかなり大きくなっていた。

・父親が元気なうちに、一度一緒に温泉でも行こうと思う。→病気になったら行けないから。
・電車が出るまでまだ少し時間があるから、今のうちに駅弁を買っておいたらどう？→電車が出てしまってからでは、買えないから。

　この例文の中で「ひまわりは留守のうちにかなり大きくなっていた」は過去の文脈で使われています。これは「テレビを見ているうちに寝てしまった」のような進行形や「知らないうちに虫歯がわるくなっていた」のような否定形といっしょに使う言い方と同じで、「気がついたらそうなっていた」という意味だから、この例文はここではふさわしくありません。
　「うちに」は「とき」や「あいだ」と同じように、必要に応じて「のびちぢみ」をするのですが、その時間を**流動的**にとらえている点が他の表現と異なっています。たとえば、「雨が降らないうちに、洗濯物を入れる」「日本にいるうちにいろいろなところを旅行する（自分の国に帰ったらできない）」の文では、それぞれ「**雨がいつ降るかわからないけれども洗濯物を取り入れる**」「**いつ帰国するかわからないけれども帰国する前に旅行しよう**」という意味で使っていて、時間が流動的です。
　ですから、「テレビを見ているうちに寝てしまった」の文も何時に寝てしまったかはわからないけれど、気が付いたときは寝てしまっていたという意味で使っています。「知らないうちに虫歯がわるくなっていた」の文も、文字通り「いつからそうなったかわからないけれども、本人も気が付かないで虫歯が進行していた」という意味です。
（1）目が黒いうちは、ぜったいそうさせないぞ。
（2）俺が生きているうちは、勝手にさせないぞ。
（3）飛行機は見る見るうちに、小さくなっていきました。
（4）言わないつもりだったけれども無意識のうちに本音を言っていた。
（5）（漬物）うちの主人ったら、十分漬からないうちからもう食べているんでよ。
（6）Ａ：今度家に遊びにきてください。
　　　Ｂ：ええ、ありがとうございます。そのうちうかがいたいと思っています。
　以上の言い方をみても「うち」の表現が時間を**特定の時間ではなく、流動**

的にとらえていることがわかるし、（6）の「そのうち」という言い方も「いつかはわからないけれど」という意味で使っていて、同じグループです。そのうち、言った方も言われた方も忘れてうやむやになることが多いから、やわらかい断り方として使う場合が多いようです。

　「お客が来ないうちに掃除をしておこう」と思っていても、結果的に「掃除が**終わらないうちにお客がきてしまった**」というようにその心配が現実になってしまうこともあります。

　イソップの童話の例で説明しましょう。ねこに被害を受けているねずみたちは、ねこが寝ているのを見て「ねこが寝ているうちにねこの首に鈴をつけよう」と相談していました。ところが、相談しているうちにねこが起きてしまい、結局「鈴をつけないうちにねこが起きてしまった」のです。

〇～ているあいだ・～ているあいだに
　まず、空間表現の「あいだ」から考察してみよう。
（1）ドアのあいだに指をはさんでしまった。
（2）木と木のあいだから日が射してきた。
　この例文からわかるように、同じ対象Aに異なったBがはさまれている（はさまれた）いる状態を表していることがわかります。これが時間表現になると、次のようになります。
（3）手術のあいだ、ずっと楽しいことを考えていた。
（4）子どもが学校にいっているあいだに、子ども部屋をそうじしよう。
（5）切符を買っているあいだに、電車が出てしまった。
（6）寝ているあいだに、どろぼうに入られた。
　「～あいだ」「～あいだに」との違いは、「に」があるかないかによって図のようになります。「AあいだB」は「Aをしている時間帯ずっとBする」という意味です。これに対し、「～あいだに」はAからBまでの時間帯にCからDまでの時間帯が**はさまれていて**、そのあいだに行為が終わる構造になっていることがわかります。

　そうすると、例文（4）～（6）の例文は「うちに」とどう違うのだという疑問が出てきます。同じ限られた時間帯でも「あいだ」は固定されたものととらえ、「うちに」は前に説明したように**流動的**にとらえている点が異なっています。

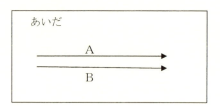 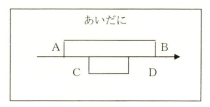

○ところ

「ところ」という語も「私の住んでいるところは夜とても静かです」というようにもともと場所を表しますが、時間表現にも使えます。
「辞書形＋ところ」の例文をあげます。
（１）父：もうおそいからはやく寝なさい！
　　　子：いま寝るところだよ。
（２）客：ラーメン、３０分前に出前頼んだんですが。
　　　ラーメン屋：あ、今出るところです。

例文からわかるように「辞書形＋ところ」は何かの行為の「直前」ということがわかります。両方ともそう言って、相手に安心感をあたえているのです。

　次に、「た形＋ところ」です。
（３）子どもが寝たところだから、静かにして。
（４）A：今度のバスは、何時でしょうか。
　　　B：あ、いまちょうど10時のバスが行ったところだよ。

（３）（４）の例文は「た形＋ところ」は「辞書形＋ところ」と反対で、「直後」の意味です。この表現は「〜たばかり」と似ています。
（５）（テレビの報道）あ、ちょうど今容疑者が出てきたところです。
（６）あの二人は先月結婚したばかりです。

「〜たばかり」との違いは「たところ」が（５）のように**その行為が行われた場所から離れられない**のに対し、「たばかり」はその行為が終わってからも比較的長い時間の幅（相対的）で使う点で異なっています。

　最後に「〜ている＋ところ」です。
（７）警官：こりゃ、被害者はテレビを見ているところを後ろからやられたんだなー。
（８）あの俳優はホテルから出てくるところを写真に撮られた。

（9） A：（電話で）いま何してんの？
　　　B：テレビを見ているところよ。
「～ている＋ところ」は、ある行為を続けているとき、他の人の行為によって、（7）のように中断された場合、あるいは（8）のように写真などでその行為が切りとられた場合に使われます。（9）のような場面でAさんが電話をかけてきた10分後にCさんから電話がかかってきました。
（10） C：何しているの？
　　　B：テレビを見ているところよ。
　やっぱり（9）と同じ返事をします。つまり、テレビを見ている行為が続いている限り、同じ答えになるのです。いわば、金太郎あめか、鳴門巻きのどこをを切っても、同じ断面がでてくるのに似ています。（7）や（8）の例文では、それぞれ殺されたり、写真にとられたりして、その行為が停止されたり固定されてしまっています。

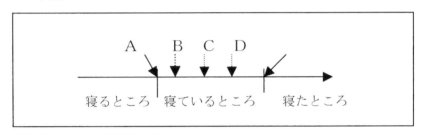

○なか
　前章で「うち」が空間表現から時間表現に転用して使われる言い方を見てきましたが、「中」も同じように空間表現から時間表現に転用して使われます。
（1） 雨の中を葬式の行列は粛々と進んで行きました。
（2） 人々が見守る中を容疑者は警察に連れて行かれた。
（3） 投票日が3日後に迫る中、首相はきょう現地入りした。
（4） お忙しい中、おいでいただきありがとうございます。
（5） 政府の援助がない中、このプロジェクトはスタートせざるをえなかった。
　『文型』の「なか」の説明では「『～中を』の形で、後の動作が行われる状況を表す」（P377）とありますが、これでは説明不足です。「なか」の意味が

生きていません。「AなかB」は図のように「Aの最中にBする」「普通はそうしないけれども、あえてその行為をする」というで意味で使っています。ですから（4）の言い方が丁寧な言い方になるのです。

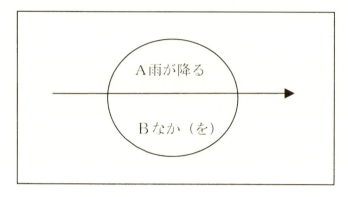

　空間表現から時間表現に転用される場合も、もとの空間表現の意味をひきずっていることを忘れてはなりません。「中」という語そのものが求心的な意味を持っているので、限定的な意味を伴っているのです。

5．ひっくりかえる

　3章で「手前」が一人称にも二人称にも使える説明をしました。なぜそうなるかは話し手が「観念的自己分裂」を起こし、観念的に相手側に移行したからでした。こうしたことは、他の表現にも見られます。
　たとえば、助詞の「に」は次のような使い方をします。
（1）学校に行く。
（2）あなたにあげる。

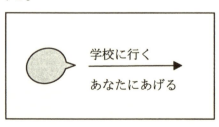

この例文では、図のように話し手から遠く離れて行く意味で使われています。
（3）それはだれにもらったの？
（4）いまだれにおそわっているのですか。

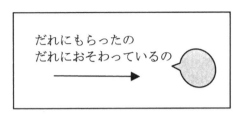

（1）（2）と（3）（4）では方向が逆です。つまり、「に」は最初の二つとあとの二つでは図のようにひっくりかえっているのです。まさしく物理学で言うところの「下に落ちたボールははねかえる」わけです。受身文の「バスの中で人に押される」の「に」も方向としては「ひっくりかえる」です。現象的にはひっくりかえっていますが、認識論的には「ブーメラン用法」（次章参照）です。

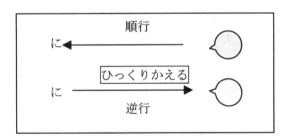

今度は「〜ために」という表現で例文を作ってみましょう。
（5）母のために花を買った。
（6）家を買うために貯金しています。
（7）雪のために新幹線が遅れています。
（8）その商品は有害物質がはいっているために、発売禁止になった。
（5）（6）の使い方は「目的」、（7）（8）は「原因」と言われています。『理想』は次のように説明しています。

　　　ため②　①前件が後件より**時間的にあと**のとき〈目的〉を表わす。
　　　　　　　②前件が後件より**前**のとき〈原因・理由〉を表わす（P293、太

字は引用者)。

　この説明が正しいとすれば、「彼女は彼のために銀行の金を横領して貢いだ」という文は〈目的〉だから、時間的に前件が後件のあとになるはずですが、そんなことはありません。「彼のために」銀行からお金を横領しているのだから、前件（彼）が先です。この場合「順行」の意味の「に」が〈目的〉を表しています。
　一方「彼のために警察につかまった」という文では同じ「彼のために」を使って、「逆行」の意味の「に」が〈原因・理由〉を表しています。
　このように「ため（に）」の使い方は「前件が後件よりあと先ということ」は関係ありません。彼のためによかれ（目的）と思ってやったことが、あとで警察につかまる原因になってしまったのです。要するに「ために」の一見相反するような使い方をするのは前件、後件の時間のあとさきから来るのではなく、「AのためにB」の表現において「A←B」のとらえ方をすれば目的で、それがひっくりかえった「A→B」のとらえ方をすれば原因ということなのです。
　同じことがらがよくなったり（目的）、悪くなったり（原因）することは、私たちの実生活ではよくあります。**家族のために**家を買った父親がローンが払えなり、**家族のために**盗みをはたらくことだってあると思います。このように価値観は瞬時にしてひっくりかえるのです。まさに「禍福はあざなえる縄のごとし」です。

○って

　例文を先にあげます。
（1）あの子のお父さんは社長だって。
（2）（よく聞こえなかったので）なんだって？
（3）なんだって、私が馬鹿だって。
（4）A：この道でいいの？
　　　B：そうだって！何回言えばわかるの！
（5）わっぱってなんですか。

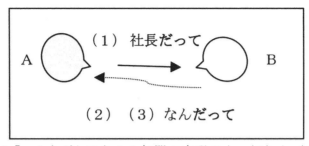

　(1) は「～そうだ」にあたる伝聞の表現です。(2) と (3) はBの言ったことが聞こえなかったときにもう一度聞き返したり、あるいは聞こえたけれども、その内容が本当かどうか確認したりするときに使います。(2) (3) では図のようにひっくりかえっています。(4) は話し手の念押しです。(5) は聞き返すこと（確認）から転じて、話し手が知らないことがらに関して聞くという言い方になって「～という」言い方にあたります。
　『文型』は「って」に〈引用〉の項目を立てて、〈伝聞〉と区別していますが、〈引用〉の例文も〈伝聞〉と同じような例文で項目を分けた理由がわかりません。

　　〈引用〉A：お母さん、きょうは、いやだって。
　　　　　B：じゃあ、いつならいいの？
　　〈伝聞〉A：山田さん、お酒、きらいなんだって？
　　　　　B：ああ、そう言ってたよ。

　説明では「〈伝聞〉は『のだ／んだ』と〈引用〉の『って』が結び付いた形」(P233) と言っていますが、〈引用〉の例文「A：お母さん、きょうは、いやなんだって」としたら、〈伝聞〉になります。一つにまとめて「伝聞」ではいけませんか。人の話を「引用（？）」して伝えるのが伝聞だからです。むやみに項目を増やすのはよしわるしだと思います。
　最後に英語の「ひっくりかえる」を紹介します。「latest」という語は、遅いという意味の「late」の最上級です。ですから、「latest」は一番遅いという意味になります。しかし、もう一方では一番新しいという意味も持っています。なぜ、一番遅いことが一番新しいのでしょうか。これも「ひっくりかえる」で説明がつきます。図のように新聞社に締め切り時間の最後の入れた

ニュースが、一番新しいニュースなのです。

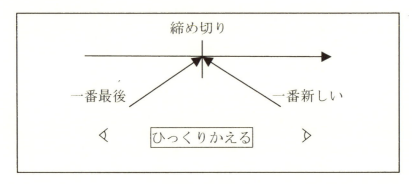

　注：ベトナム語の em という代名詞は、女性が使う一人称。二人称の場合は、比較的若い女性に対して使う（ひっくりかえる）。ところが、男性がへりくだって使う場合も一人称として使う。また anh という代名詞は男性に対して二人称。ところが、結婚した男性が自分を指す場合一人称となる。

6．　ブーメラン用法（1）

　人称代名詞の「わたし」と「あなた」を並べて言うとき、「わたしとあなた」と言ってもよさそうですが、「あなたとわたし」(注1)と言います。「あれこれ」「あちこち」「あの町・この町」などもそうです。文語にも「かれこれ」と言い方があります。なぜこんな使い方をするのでしょうか。
　日本語は遠い方を先に言ってそれから近い方にもどるという言い方を好んでいます。反対の組み合わせは、ちょうど自分の両手をふだんと反対の組み合わせをすると、気持ちが悪いのと似ていて、いごこちの悪さを感じます。
　名詞だけではなく、二つの動詞を組み合わせるときも、「売り買い」(注2)「行き来」「あげもらい」「のりおり」(注3)「駆け引き」（駆けは進めの意味、引きは退却の意味）「押したり引いたり」「出たり入ったり」などのように、先に遠い方への移動を表す動詞を使い、それからまた自分の方へもどってくる動詞を後に言います。
　こうした用法をむかしオーストラリアの原住民が使っていた武器、ブーメランのように遠くまで飛んでいってまた自分の手元にもどってくるので、日

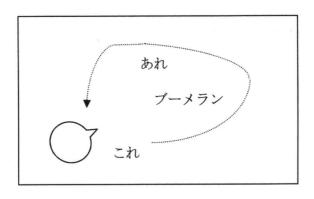

本語のこうした使い方を「ブーメラン用法」と呼びましょう。

「ブーメラン用法」は話し手が先に遠くのことがらをとらえ、また自分のところへもどってくる**認識行為**です。上のような複合表現の構成がそうなっているのもわかるし、他の言語表現にも「ブーメラン用法」によって表現されるものもあることが予測できます。

話し手は現在いる地点から観念的に過去にさかのぼりまた現在にもどったり、未来のことがらに思いをはせて、また現在にもどったりすることができるのです。たとえば9時45分を10時15分前という場合、一度話し手は10時まで飛び、現在の時間までを計算して、10時15分前と言っているのも「ブーメラン用法」です。

「来る」という動詞も、下の左図のように部長が部下に「こっちに来てくれ」と言う場合、部長は観念的に部下の立場になって、そこから「来る」という動詞を使って表現しています。日曜出勤を頼むときも日曜日まで観念的に移行しその時点で「会社に来てくれ」と言っています。この二つの例ももちろん「ブーメラン用法」です。

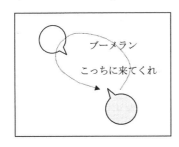
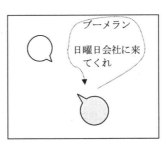

三浦も『日本語は』の副詞のところで「ずっと」を例にあげて説明しています。

> ずっと遠い昔のお話です。(a)
> それからずっと勤めています。(b)
> (a)は現在から出発して過去へさかのぼり、過去の一点をとりあげていますが、(b)は反対に過去のある一点から出発してそこから現在までをとりあげているのです。(中略) 客観的な事物の**時間的なありかた**についての表現も、そのうしろに、**話し手の時間についての観念的な運動**をかくしもっています（P178〜P180、太字は引用者）。

ここで三浦が言っている(b)がブーメラン用法にあたります。ブーメラン用法も**観念的な運動**の一つなのです。

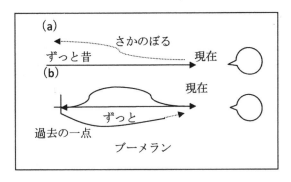

日本語の「行く」と「来る」が、それぞれ英語の「go」と「come」に100％対応しないのは、このブーメラン用法のせいです。英語は日本語で「行く」というところを「come」で言うことがあるからです。

ディズニー版『シンデレラ』の映画では次のようなシーンがあります。

　　継母：シンデレラ！　はやく来て！
　　シンデレラ：いま行きますわ（I'm coming）。

この場合、英語はなぜ「go」と言わないで「come」と言うのでしょうか。その理由は次の図のように「話し手が相手の立場に**観念的に移行**し、相手の

立場から見て「来る」つまり「come」を使うからです。『Eゲイト英和辞典』(ベネッセ)では、この用法を「**心理的に相手のいるところに視点をおいている**」(太字は引用者)からだと説明しています。この辞書では三浦の「観念的自己分裂」を理解していないから、単に「心理的に相手のいるところに視点をおいている」という説明しかしていません。しかし、これこそが「ブーメラン用法」なのです。シンデレラは観念的自己分裂を起こし、継母

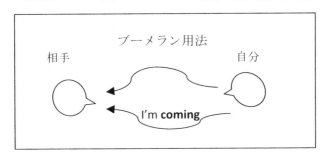

の立場に移行し、そこの立場で「来る(come)」ととらえ、また自分の立場にもどって(ブーメラン)「I'm coming」と言っています。

こうした用法をするのはなにも英語だけとは限りません。中国語でも「林さん電話ですよ」に対して、「**我来嗎(今行きます)**」と言います。(注4)

前章で説明した「うち」もブーメラン用法です。

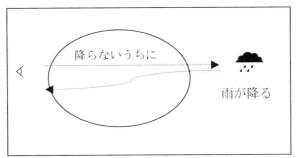

○〜てくる・〜ていく

最初に「来る」の空間移動、つまり、ある対象が話し手の方へ接近するととらえた言い方を見てみましょう。

「〜てくる」

【I】空間移動:対象が話し手の方に接近するか、話し手の領域に移動する。

67

（1）タクシーが走ってくる。
（2）雨が降ってくる。
（3）猫がとびかかってきた。
（4）山が見えてきました（①乗り物で移動中②霧が晴れて）（「見える」参照）。
ただし、「～てくる」には次のような使い方があるのを忘れてはいけません。
（5）きょう何を持ってきましたか。
（6）隣の教室から椅子を持ってこよう。
（7）医者を呼んでくる。

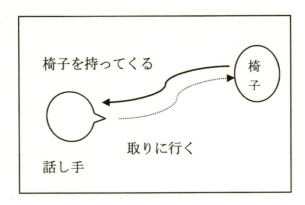

（8）タバコ切らしちゃったから、ちょっと買ってくるね。
（6）～（8）の例はこの図でもわかるように実際にその行動をしても言語では片方しか表現しないのが特徴です。(注5)
【Ⅱ】時間表現：過去のある時点までさかのぼって（ブーメラン用法）そこから現在の立場まで言う。
（9）12月（10月と比べて）だいぶ寒くなってきた・もっと寒くなっていくよ。
（10）彼は30年間この会社のために働いてきた。
次に「～ていく」です。同様に空間移動から先に見て行きましょう。
【Ⅰ】空間移動：話し手から遠ざかる。
（11）タクシーが走っていく。
（12）鳥が南へ飛んでいく。
（13）あした山に何を持っていこうか。

【Ⅱ】　時間表現：現在の立場から未来について言う。
(14) もっと寒くなっていくよ。

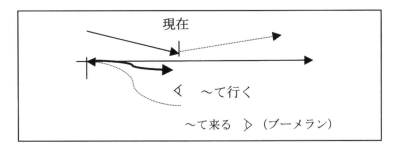

(15) もっと値段があがっていくよ。

　ここでも英語のブーメラン用法を紹介しましょう。英語に fetch という単語がありますが、bring とくらべて意味がよくわかりにくいようです。Oxford の英英辞典では「fetch :to go to where sb/sth is and bring them/it back.（引用者訳：どこそこから何かを行って持ってくる・誰かをつれてくる）」「bring: to come to a place with sb/sth（引用者訳：何かを持ってくる・誰かをつれてくる）」と出ています。これも fetch が図のようにブーメラン用法だと説明するとよくわかります。

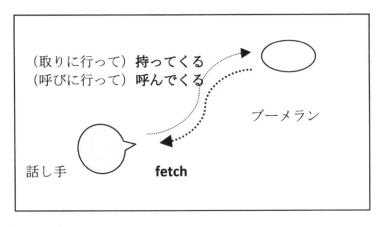

○〜あとで・あと〜で

　「一時間あとで」と「あと１時間で」とは何が違うのでしょうか。少し考えてみてください。二つとも同じなのでしょうか。たしかに1時間そのもの

には変わりありません。けれども、話し手のとらえ方が異なっていて、言いたいことも当然違います。
　例文をあげて説明しましょう。
（1）（受付）一時間あとで、もう一度来てください。
（2）あと一時間で会議が終わるから、それまで待っていてください。
　（1）では相手に「一時間後に来てください」と言っているのに対して、（2）では会議が一時間後に終わると予想（先取り）して、現在のことがらとして言っているのです。一度終了時点まで観念的に移動し、またふたたび現在までもどっているようなとらえ方をしています。これはブーメラン用法です。
　（1）の例文のようなとらえ方（順行）は他にも「あとをつける（足跡をつけてしまう）」などという言い方があります。

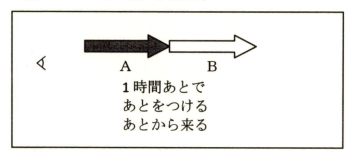

【Ⅰ】順行
　一方、「あと～で」「～たあとで」などは逆行の動き（「ブーメラン用法」）をしているグループです。

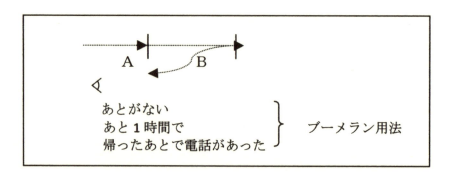

【Ⅱ】逆行

相撲の勝負で力士が土俵ぎわまで押されるのを見た観客が「もう、あとがないよ」というのは、土俵という限界と押されている力士との距離がもうないことを言っているわけです。

○あと一人・もう一人

タクシーの席に余裕があるとき、「あと一人乗れる」とか「もう一人乗れる」などと言います。一人追加することには変わりありませんが、異なった表現をするのは、これまた三浦が『日本語は』の代名詞のところで「とりあげている対象は同じであっても、そのとりあげかたがちがっています」（P123）と言っているように「とりあげかたが違っている」のです。

では、どう違っているのかと言うと、「あと～」は「定員・限界」を意識している（ブーメラン用法）のに対し、この場合の「もう～」は限界を意識していない点が異なっています。二人の飲兵衛が居酒屋で話している会話を聞いてください。

飲兵衛1：もう一軒行こうよ。
飲兵衛2：じゃ、あと一軒だけだよ。

飲兵衛1は、もう一軒、別の店に行きたがっているのですが、飲兵衛2は行きたくないので、「あと一軒で終わりにしよう」と釘をさしています。
次の例はどうでしょうか。
（1）あと少しで頂上だ。がんばれ！
（2）もう少しで頂上だから、がんばって。
（3）あと5メートルでゴールというところで倒れてしまった。

答えは簡単です。「あと～で」は上で説明したように「逆行」（ブーメラン

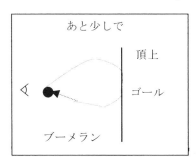

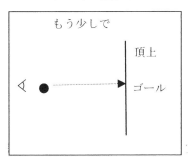

用法)で、「もう少し」は「順行」のとらえかたをしています(下図参照)。
　ただし、「もう」にも次の例文のように観念的な操作による使い方もあります。
（４）もう少しでぶつかるところだった。
　『文型』では「あと₂」のところで「あと＋数量詞」を次のように説明しています。

・その仕事を片付けるにはあと3日で十分です。
・あと二人そろえば野球チームが作れる。
・あと10メートルでゴールインというところで、その選手は倒れてしまった。
・あと少し(ママ)で終わりますので、待っていただけますか。

　そのあとで「今の状態に一定の数量が加われば、あることが成立するための条件が整うということを表す場合に用いる。**それを逆に考えると、以下のように残りの数量を表すことになる。**(例) 卒業式まであと1週間だ。←あと1週間で卒業式だ（以下省略）」(P10、太字は引用者)とあります。
　つまり、この解説では（話し手が）卒業式の日取りを（観念的に）先取りしてそこから（きょうまでの日数を）数えて１週間だと言っているのです。解説の「それを逆に考えると」ということは**話し手が観念的に結果に移行しそこから逆に数える**ということなのですが、観念的移行（ブーメラン用法）を理解していないので、こういう説明になってしまいました。あと少しで正解にたどりつけたのに残念です。もちろん、こういう操作が「ブーメラン」的だということも気づいていません。
　三浦は『日本語は』の〈助動詞〉の認識構造というところで、「話し手はまず観念的な世界へ移行してそれを一応肯定的に表現し、それから現実にもどって『ぬ』『ん』『ない』と観念的な世界を否定します」(P210)といっているように話し手は観念的な世界へ移行してまた現実にもどってきているのです。

○そろそろ・もうすぐ
　『この言葉、外国人にどう説明する？』（アスク出版、以下『この言葉？』）

の「そろそろ」を講評した人は「そろそろには主に①そろそろ失礼します＝もうすぐ失礼します。②そろそろ歩く＝ゆっくり静かに歩く、という意味の二つの用法があります」(P82) と書いていますが、②はともかく①の「＝もうすぐ」という説明はおそまつです。「そろそろ」をその程度しかとらえていないのです。

例文をあげて検証しましょう。
（1）そろそろ時間です。（終了時間か開始時間が迫っている）
（2）そろそろお醬油が切れそうだわ。（醬油がなくなりそうだ）
（3）妻：その背広、そろそろ洗濯にださないと。（背広が汚くなってきた）
　　　夫：まだいいよ。
（4）客：そろそろ、おいとましないと。（帰る時間が迫ってきた）
　　　主人：まだ、はやいよ。もう少しいいじゃないか。
（5）うちの子も新学期はがんばっていたけれど、そろそろ疲れがでるころだな。（疲れが出る時期を予想して）
（6）（9月初旬）そろそろぶどうの季節だ。

この「そろそろ」もブーメラン用法です。図のように「あることがらの終了・開始の時期を先取りし、その時点にもう少しで達する」ということを表しています。結果として（3）のようにそのことに気づかない相手に教えた

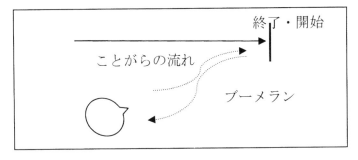

り、（4）のようにやわらかい言い方になったりします。

『基礎日本語』（森田良行著、角川書店、以下『基礎』）の「そろそろ」の解説で「話し手の身を置く現時点が、基準とする話題の事柄の時点に次第に近づいてきていることを表している」（『基礎』3、P158）とありますが、惜しいことにこれが「ブーメラン用法」だと気づいていないようです。なぜならば、「そろそろ」は物理的な接近だけではなく、話し手があることがらを観

念的に先取りし、そこにゆっくりと接近していくという認識で使っているからです。ですから、ゆっくりした速度を表す「そろそろ」を使っているのです。

「もうすぐ」という語も次の例文のように「そろそろ」に似ていますが、ブーメラン用法ではありません。ですから、話し手が観念的に想定した時点へ聞き手を誘って「そろそろ行きましょう」とは言えるけれども、「もうすぐ行きましょう」とは言えないのです。

（7）もうすぐ田中さんが来ます。
（8）もうすぐ私の誕生日です。
（9）A：お湯、わきましたか。
　　　B：もうすぐわきます。

「もうすぐ」は「そろそろ」よりことがらの実現がはやいとき使います。次の例文のその違いを見てください。

お客：そろそろ失礼します。
主人：まだ、いいじゃないか。家内ももうすぐ帰ってくるし……。

つまり、客は遠慮して早々に帰ろうと思っているのに対し、主人の方は家内もすぐ帰ってくると言って引き止めているのです。

○見える・見られる

「見える」は図のように話し手は「見る対象を意識してから、今度は反対にその対象から自分までの条件（対象の有無・距離・明るさ・障害物の有無・視力など）をクリアして自分の視界にして入ってきたとき「見える」（ブーメラン用法）と言います。

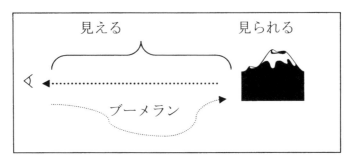

これを踏まえた例文は次のようになります。

（1）あなた！うちの子がさっきから見えないのよ！（対象の有無）
（2）遠くてよく見えない。（距離）
（3）夜だからはっきり見えない。（明るさ）
（4）雨が降って前がよく見えない。（明るさ・障害物）
（5）きょうは晴れて山がよく見える。（障害物がない）
（6）前に人がたくさんいて、前が見えない。（障害物がある）
（7）めがねを新しくしたので、よく見えるようになった。（めがね・視力）
（8）うちのおばあちゃん、最近目がよく見えないらしいの。（視力）

　図のように話し手は見る対象を意識しているのですが、もともと「視覚」をはじめとする「五感」そのものが受身的認識なので、「見える」という語も**受身的な意味**にとらえられがちです（第3部1章参照）。そのため、『文型』の「見える」の解説のように「**特に意識して見ようと思っているわけではないが、『自然に目に入る』『見ることができる』という意味を表す**」（P555）のような説明になってしまいます。他の辞書や文法書の解説も大同小異です。どうしてそうなるのかと言うと、旧説を鵜呑みにして自分で検討しようとしないか、できないかのどっちかです。

　では、そうした辞書や文法書の解説者にお聞きしますが、たとえば、動物園にパンダを見に行った親子が前に人がたくさんいて、娘が「お父さん！パンダが見えないよ」という場合はどうなんでしょうか。この親子は「**意識してパンダを見よう**」としているはずです。ところが、話し手と対象のあいだに人がたくさんいるので、その障害物（この場合は人）によって対象が目に入らないのです。

　「見える」は文語では「みゆ」ですが、これも「ブーメラン用法」です。日露戦争のおり、日本海軍はロシアのバルチック艦隊を発見しようと対馬沖で必死に見張っていました。ある晩見張っているとき、ロシア艦隊の一隻の灯火を見ました。これが有名な「**敵艦ミユ**（敵艦がみえた）」です。彼らはロシア艦隊を特に**意識して見よう**と思っていなかったのでしょうか。そんなことはありません。それこそ目を皿のようにして必死にさがしていたのです。夜目・遠目の悪条件を克服しての結果でした。この発見がいかに重要だったか戦史をひもどけばわかります。

　ですから「見える」は対象を意識して見ようとしているのだけれども、対象から自分の眼球までのいろいろな条件をクリアしてはじめて「見える・見

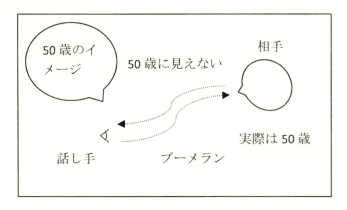

えた」と使います。その条件がクリアできなければ、「見えない」になるわけです。

（9）奥さん、50歳ですって。そんなには見えませんよ。もっと若く見えますよ。

　この例文では話し手が50歳の人に対して持っている**イメージ**と**対象**との**ず**
れをいっているのです。これももちろん「ブーメラン用法」です。

　これに対して「見られる」はその対象が存在する**場所・時間**を問題にして、「どこでそれを見ることができるどうか」ということを話題にするときに使います。

（10）富士山はどこで見られますか。
（11）ライオンはアフリカで見られます。
（12）侍の格好をした人は日本でもう見られません。

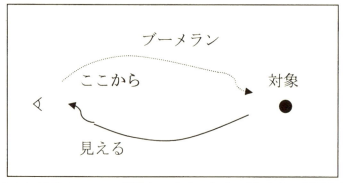

　「見える」が「ブーメラン用法」であることは、「あなたの部屋から何が見

えますか。私の部屋から東京タワーが見えます」のように分離・離脱の意味の助詞「から」を使うことからもわかります（前図参照）。実際に『文型』の「みえる」（P555）でも八つの例文中四つの例文に「から」が使われています。

この「見える⇔見られます」の関係は「聞ける」と「聞こえる」の関係にもあてはまります。すなわち、「聞ける」はその音源を聞くことができる時間や場所を指しているのに対して、「聞こえる」は話し手の耳までの条件（距離・音量・使用している機械の問題・聴解能力など）を問題にしています。

（14）BBCは英国で聞けます。
（15）春になると、ホトトギスの鳴き声が聞けます。
（16）遠くて先生の声が聞こえません。（距離）
（17）おじいさんの声は小さくて、よく聞こえません。（音量）
（18）この携帯電話は充電したので、はっきり聞こえるよ。（機械の問題の有無）
（19）おばあさんは大きい声で言ってあげないと、聞こえないよ。（本人の聴解能力・音量）

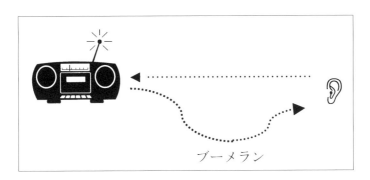

残念ながら、『文型』には「聞こえる」は出ていませんが、『広』にはやっぱり「①聴覚に感じられる。音声が自然に耳にはいる」とあります。

〇～よりほかにない

「行くよりほかにない」などという言い方もブーメラン用法です。「行く」以外に方法がないわけだから、「行く」を選ぶのです。「行くしかない」「行く以外ない」も同じ用法です。「行くにこしたことはない」は少し違って

「その方がいい」と言っていますが、同じように「ブーメラン用法」です。

注1：筆者自身『あなたとわたし』（社会評論社、1985年）という題名の本を出している。
注2：現代北京語では「買売」「来来去去」と言って、とらえ方が反対になっていることがわかる。
注3：ＪＲでも電車に乗るときのルールとして「降りる人が先」と指導しているが、言語の順序は「乗り降り」。また、中国語では日本語の「行ったり来たり」「売買」がそれぞれ「来来去去」「買売」になる。
注4：フランス語でも「Je vien（来る）」、ベトナム語でも「den（来る）」と言う。そういう意味で「行く＝ go、来る＝ come」というよう逐語訳（翻訳）は危険だと言える。
注5：「粉を引く」という言い方も実際に石臼（いしうす）を押してまた手前に引く動作だが、引く方しか表現していないという点で同様なとらえかたをしていることがわかる。
注6：新明解国語辞典には「そのものが何かによって妨げられることなく、確かにその存在を目でとらえることが出来る」とあり、「ブーメラン」にはふれていないが、辞書界では出色の出来。

7．自分の予想・判断と相手の予想・判断

　辞書や文法書などで語や表現の意味を解説する際に「話し手の予想」ということを考慮に入れると、もっとわかりやすい説明になると思います。残念なことです。
　たとえば、「ずいぶん」は『広』と『現代国語例解辞典』（小学館、以下『現』）の2種類の辞書には次のように出ています。ここでなにもその二つの辞書だけを批評しようというわけではありません。他の辞書も説明は大同小異だろうと思いますが、ここで多くの辞書をとりあげて云々する余裕がないので、とりあえず二つの辞書で代表させています。

○ずいぶん
　『広』：②たいそう。はなはだ。なかなか。
　『現』：㊀　程度がそうとうであるさま。はなはだ

ある語を辞書で引くと、別の語で置き換えて説明することがありますが、これは「いたちごっこ」(トートロジー)という現象で、説明になっていません。この「いたちごっこ」を断ち切るためには、「認識論」という刀が必要なのです。
　この「ずいぶん」という語は「**話し手の予想と現実との差が多いとき**」使います。「客：この魚一匹おいくら？魚屋：一匹千円です。客：あら、ずいぶん高いのね」というやりとりでは、お客が予想した値段より実際の値段と差があるので、客は「ずいぶん」を使って表現しています。ですから、「きょうあなたはとてもきれいですね」と言えても、「きょうあなたは**ずいぶん**きれいですね」とは言えないのです。なぜなら話し手が低い予想をしてその差におどろいて使っているからです。けがで入院した患者を診た医者が「あ、**ずいぶん**（傷口が）きれいになりましたね」とは言えます。
　以下例を少し見てみましょう。

○油断
　『広』気をゆるして、注意を怠ること。
　『現』気をゆるすこと。たかをくくって、注意を怠ること。
　両方とも「気をゆるして」とありますが、「気をゆるす」ということはことがらをあまり重要に思わないで軽く見るから、**結果的に「油断」すること**になります。

○なまいき
　『広』年齢・地位に比して、物知り顔をしたり差し出がましい言動をしたり、きざな態度をとったりすること。
　『現』それにふさわしい身分や年齢ではないのに出すぎた言動をすること。
　自分より低いか劣っていると**判断した相手がそれ以上の行為や能力がある**と思って不快になるとき、話し手は「なまいき」と感じるのです。

○感心
　『広』①深く心に感じること。③心を動かされるほどりっぱであるさま。
　『現』立派なものに、心が深く動かされること。心に深く感じること。
　話し手が①目上の人の能力に対してプラスの評価するとき②自分ができな

いことにができる同じくらいの地位の人あるいは低い人に対して使います。たとえば、おつかいに行く子どもに対して自分の想定したレベル以上の行為であれば「感心な子どもだね」などと使います。

　以下主に判断を前提にした言い方を調べてみましょう。
【Ⅰ】話し手の予想・判断を前提にした言い方
○案外・意外
　『ビミョウ』で「意外」の説明は次のようになっています。

> 「それは意外な事件だった」「園遊会では意外な人に会った」では「案外」は使えない。**予想した事態ではないからである。**つまり「意外と（ママ）」は、**全く予想していないのである。**（中略）「意外」は**心の中に存在しなかった事態への遭遇、つまり意想外なのである**（P55、太字は引用者）。

　本当に予想した事態ではないからでしょうか。「あの人には会わないだろう」と思うことも予想なのではありませんか。「園遊会」の文では、話し手はその人に会うとは思わなかったと予想（もちろん消極的、あるいはほとんど無意識）に反して会ったから、その驚きを「意外」といっているのだと思います。予想はなにも肯定だけではありません。否定（無意識せよ）の予想もあります。
　「あなたがこんなもの、食べると思わなかった」の文は「**食べないだろう**」という予想を前提して言っているのです。また「誰もいない」と思った部屋で音がしたら、「誰もいないはずなのに？」と思うでしょう。
　「あいつのことだから警察につかまったと聞いても意外とは思わなかった」の文ではあいつが悪いことをしているのを知っていたからこそ、「つかまったときも意外とは思わなかった」のです。「意外」が「心の中に存在しなかった事態への遭遇」とはトンチンカンな説明です。「心の中に存在しなかった事態」というのはあたりません。それに、私たちは目の前にある机を持ち上げるとき、無意識にせよ机の重さを予想するか、もしくは既存の知識として持っています。ですから、実際に持ち上げたとき、自分の過去の知識と照らしあわせて「案外軽いな」と言ったり「意外と重いんだ」などという

わけです。だから、天気予報で「雨が降らない」という予報に対して雨が降ってきたとき、「意外にも大雨になったなあ」と言えるのです。
　一方、「案外」は結果が予想より軽かったり、**別の結果になったとき**、かるい気持ちで使います。
　たとえば、次のような場面です。親孝行の二人の息子が雨が降ってきたので、傘を持たないお父さんのために駅に迎えに行きました。でも、いくら待ってもお父さんは改札口に現われません。そこで二人はこんな会話をします。
息子１：お父さん、来ないなあ。
息子２：**案外**、もう家に着いていたりしてね。
　いずれにしても『ビミョウ』の説明は意外な説明でした。

○にしては
　『文型』の「にしては」の解説を見てみます。「『その割りに』という意味を表す。後ろには、そこから**当然予想と食い違うことがらが続く**」（P439、太字引用者）とあります。
　例文で検証して見ましょう。
（１）５歳にしては背が高い。
（２）春にしては寒い。
（３）辞書にしては内容が貧弱すぎる。
（４）父を失ったにしては、悲しそうな顔をしていない。
　以上の例文でわかるように「〜にしては」は単なる予想ではなく、話し手が持っている**基準・標準にてらして、そのことがらの程度が高いか低いか**という意味です。
　掛かりつけの医者に血圧を測ってもらったら、医者が「田中さんにしては、血圧が高いですね」と言いました。この場合医者は田中さんの過去の血圧値を把握しているから、それをもとに「いつもの田中さんにしては」と使ったのだと思います。予想ではなく、いつもの血圧値より高いと言っているのです。これを文頭に使うと「それにしては」という表現になります。
　たとえば、学校から５分のところに住んでいる学生がいます。ところが、この学生はよく遅刻します。そこで先生は「鈴木さんは学校から近いところに住んでいるんでしょ！　それにしてはよく遅刻するわね！」と怒ります。

この先生の基準から見て、近いところに住んでいるのだから、遅刻するはずはない」と判断して怒っているのです。
「それにしては」と反対の言い方は「それにしても」です。

○なかなか
　これも前にあげた二つの辞書を見て見ましょう。
　『広』④かなりの程度であるさま。
　『現』①**予想、期待されること**が容易に成立しないさま。あとに打消しや否定に意味の表現を伴う。
　　　②状態、性質が、**予想以上に良い**さま。（太字は引用者）
　『広』は全体的に古語の説明に足を引っ張られて、現代語はなかなかいい説明ができません。「なかなか」に関しては『現』の説明の方が「予想」という点を押さえていてすぐれていると思います。
　例文をあげましょう。
（1）4時をすぎたのに、友達がなかなか来ない。
（2）この問題はなかなかとけない。
（3）柿の枝になかなか手が届かない。
　以上のように「なかなか～ない」は、『現』の説明のように「予想に反して簡単にできない」という意味だということがわかります。
　一方、「なかなか」を肯定形で使うと、つぎのような文になります。
（4）（あまりおいしそうにみえない料理）あ、なかなかおいしいね。
（5）（将棋）なかなかやりますな。
（6）彼の奥さんはなかなか美人だよ。
　この場合「**低く予想した結果が、それより上回っているとき、いい評価**」になります。なぜ、「なかなか」が否定形と肯定形に使えるのか次図を見てください。もともと「なかなか」は「中」から来ていて、ことがらを「中（中ほど）」としてとらえ、否定に傾けば「なかなか～ない」となり、肯定の方に傾けば「なかなか～だ」となるからです。
　また、下の例文のように自分が予想した結果を聞き手に押し付けることもあります。
（7）主人：（お客にお酒を飲ませながら）この酒、なかなかいけるでしょう？

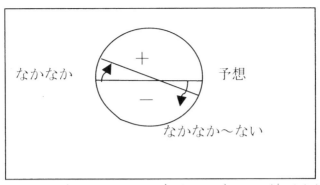

○はず・よほど

　『広』には「筈：(弓の筈と弦とが合うことからという) 当然のこと。道理。わけ」とありますが、あまり現代語の用法の説明としては役に立ちません。昔は「矢筈」と言っていました。「矢」はもともと飛ぶものだから、現代語になったら、「や」が飛んで「はず」になってしまったのでしょうか。

　閑話休題。「はず」は『文型』には「話し手が、**なんらかの根拠に基づい**て、当然そうであると考えたことを述べる場合に用いる。判断の根拠は論理的に筋道の追えるものでなければならない」(P500) とありますが、なんらかの根拠というのは何のことでしょうか。また、「～たはず」のところでは「話し手が**当然そうだと思っていた**ことが現実と違った場合に使われ、話し手の**後悔、不審などの気持ちを表す**」(P501) とあります。

　私たちは自分でやったことや見たことなら自信を持って言えます。前にスイッチを入れたら、動いたことを知っているあなたは他の人にその使い方を説明するとき、「このスイッチを入れると、動くはずだよ。前にも動いたから」などと説明するだろうし、「前田さん、どこにいるか知らない？」と聞かれて、さっき部屋にいるのを見ていれば「あ、前田さんなら部屋にいるはずだよ」と答えるでしょう。

　しかし、過去の情報ですから、当然現在と食い違うこともでてきます。たとえば、朝会社員が出社して会社のドアが開いていたら、「変だな。ゆうべ帰るとき、閉めたはずけど……」と思うでしょう。また、3年ぶりに故郷に帰った人が「あれ、たしかここに喫茶店があったはずだけれど……」「あ、その店ならとっくにつぶれてしまったよ」という会話にもなります。

　ですから「はず」は、**過去のことがら**、前に見たこと、よく知っているこ

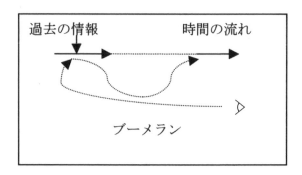

と、自分でやったことを**根拠にして現在のことを**言うとき使うことがわかります。『文型』の解説者は、そのずれを「話し手の**不審**などの気持ちを表す」と言いたかったのでしょうか。

　ただし、「はず」には「あ、暑いはずだ。エアコンが暖房になっている！」という言い方もあります。これも、話し手が現在から過去の一点にさかのぼって（ブーメラン）現在の事態について納得する言い方です。

　一方、『文型』の「よほど」の説明は「**一般的な基準から見て並の程度ではない様子を表す**」(P628) とあります。

　検証しましょう。

　たとえば、公園でないていた子猫を自宅につれて帰り、牛乳をあげたとします。子猫が飲んでいる様子を見て、あなたは「この子猫は**よほどおなかがすいていた**にちがいない」①と思うかもしれません。

　また、通りで荷物を担いでいる一人の中年男性を見たとします。その人は非常に汗をかいていて、タオルでしきりに顔を拭いています。それを見ながら、あなたは「あの荷物は**よほど重い**にちがいない。何が入っているのだろう」②と思うでしょう。

　次に、あなたがサッカーチームの監督をしていたとします。自分のサッカーチームの練習振りを見て、来週対戦する強豪チームの力と自分のチームの力とを比較します。そして、「**よほど練習しないと**、勝てないなあ」③と思うかもしれません。

　この①②③の状況からわかるように、あなた（話し手）は**現在の状況から見て**それぞれ**過去・現在・未来に対する判断**を表しています。つまり、「よほど」は「はず」と違って**現在の状況から判断して、過去・現在・未来**との

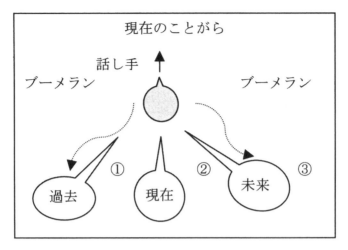

程度の差に言及するとき使うのです。

二つの状況を比べてとらえることから「AはBより、よほど〜だ」という言い方もできます。
（1）この国は日本よりよほど技術が遅れている。
（2）外国から買うより国産を買った方がよほど安くつく。

「はず」と「よほど」は判断の根拠が**過去**と**現在**という違いがあります。ここでも「ブーメラン」が働いています。

○くせに

『敬語』のユニークな解説を見ることにしましょう。解説では「個性を圧殺する言葉『〜のくせに』」の章（P243〜P245）で「女のくせに」の言い方を中心にとりあげて**「話者は『女のくせに』と言った瞬間に、浅田某だけでなく全女性を敵に回すことになるのである」**（太字は原文、以下同）おお、こわ！。最後に「**『〜のくせに』は、個性を先入観の中に押しこめ圧殺する言葉と言ったらいいすぎだろうか**」と締めくくっていますが、やっぱり言いすぎですね。

「くせに」は接続によって次のような使い方をします。
（1）動詞（辞書形）：あの人はお金を持っているくせに自分では出さない。
（2）動詞（「たの形」）：父は動物園につれてってやると言ったくせにつれてってくれない。

（3）い形容詞：若いくせに出不精だ。
（4）な形容詞：自分が変なくせに人のことを変だという。
（5）名詞：学生のくせに勉強しない。

　浅田某先生は、このうち（5）の名詞接続「〜のくせに」だけをとりあげて目くじらをたてているわけです。浅田某先生に「女のくせに」と言った人は、自分の頭の中に「女性はかくありべき」という固定観念（①）があり、それに基づいて浅田某先生（②）にそう言ったのだから、女性に対して「二重の侮蔑」（P243）だということも理解できます。

　その人はどんなつもりでそう言ったかわかりませんが、自分の固定観念（①）に基づいて、浅田某先生が女性として何かが欠けていたか、あるいは女性の属性範囲を超えていたから「女のくせに」と言ったのでしょう。もし、浅田某先生が①を満たしていたら、その人は反対に「あなたは実に女らしい」と言ったかもしれません。それだって、①に基づいているわけだから、女性をある型にはめて評価していることには変わりがありません。ですから、「女らしい」の方もとりあげないと、不公平です。マイナスの評価の「女のくせに」はとりあげたら、プラスの評価の「女らしい」もとりあげなければなりません。両方とも図のように固定観念に基づいた判断表現だからです。

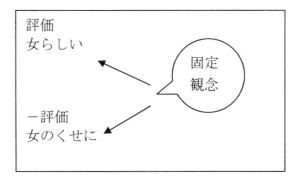

　「女らしい」あるいは「女らしさ」の方が浅田某流に言えば「個性を抹殺し、ある型に押し込んでいる」表現と言ってもいいでしょう。一口に女性と言っても、ソクラテスの妻（悪妻）もいれば、山内一豊の妻（良妻）のような人もいて、千差万別です。ですから、この固定観念も人によってちがってきますし、ややもすれば差別意識にもつながります。

　話し手が自分の固定観念に基づいて、その女性が持っている属性を満たし

ているかどうか言っているわけだから、そのなかには女性に対する差別意識が含まれているかもしれません。たとえば、三つ指をついてご主人の送り迎えする女性に「あなたは実に女らしい人だ」と言う人がいたら、浅田某先生は怒り心頭に達するでしょう。

　それに、浅田某先生がどこかの学校で授業を持っていたとしましょう。ある一人の生徒が授業中は居眠りをするわ、宿題はやってこないわで、腹を立てたとします（浅田某先生は切れやすい）。そのとき、浅田某先生は「あなたは学生だけれど」では弱い。「あなたは学生なのに」では言い足りない。そこで「あなた、学生のくせになぜもっと勉強しないの！」と言ったとします。これを言った瞬間、浅田某先生は世界中の全学生を敵に回すことになるのでしょうか。いや、なりません。あくまでも浅田某先生は「学生は勉強するもの」という固定観念に基づいてその学生一人を批判しているのです。そうすることによって、学生であることを自覚させようとしているのです。浅田某先生に「女のくせに」と言った話し手も全女性を敵にするわけではなく、浅田某先生だけについて言っています。

　けれども、こんな不十分かつ過激な解説しかできなければ「専門家のくせに」と言われかねませんよ。もちろん、私は全専門家を敵に回すつもりもありませんが。

　一方、『文型』は「『Xくせに Y』の形で、Xの内容から当然予想されることとはちがうYという事態がつづくことを表す場合に使われる」（P101）とずいぶん大人しい説明になっていますが、十分な説明と言えません。浅田某先生は過激すぎるし、『文型』の方は「けれども」や「のに」などとの区別がはっきりしません。その理由は「けれども→のに→くせに」という「らせん状（感情のたかまり）」をとりあげていないからです。これも困ったものです。まさに「帯に短し、たすきに長し」です。

　以下の例文を見てください。
（１）友達のうちに行ったけれども、いなかった。
　　　若いけれども、老人に親切だ。（プラス評価）
　　　若いけれども、外出が嫌いだ。（マイナス評価）
（２）夜は家にいると言ったのに、いなかった。（マイナス評価）
　　　若いのに、老人にやさしい。（プラス評価）
　　　若いのに、出不精だ。（マイナス評価）

（3）夜はかならず家にいると言ったくせに、ゆうべはいなかったぞ！（マイナス評価）
若いくせに、出不精だ。（マイナス評価）
「感情の高まり」ということを説明しましょう。

同じ「逆接表現」ですが、上に行くにしたがって徐々に「感情的」になっていきます。「のに」はプラスの評価でもマイナスの評価でも「けれども」よりは話し手の感情を強く表現し、「くせに」にいたってはマナナスの評価しかしません。特に「名詞＋のくせに」は今みてきたように人か動物に対して話し手の悪感情を表します。

○らしい・ようだ
三浦も『日本語は』で「らしい」をとりあげて説明しています。

（1）彼は男らしい。
（2）暗くてよくわからないが男らしい。
（1）の場合は、この言葉の話し手がとらえた相手のありかた（引用者注：男の属性）です。現実の世界の「中」のことです。ところが（2）の場合、この言葉の話し手の主観に存在するものを表現しているので、話し手の推量そのものを直接に示す語として扱わなければなりません。（中略）単に区別するだけでなくそこに本質的なちがいのあることをみとめることが必要です（P24）。

実は、「ようだ」にもこの二つの使い方があります。
①伊藤さんは男だけれども後ろから見ると女のようだ。（彼の属性）
②きのう来た男のようだ。（主観的な判断）
②は話し手の主観的な判断による推量ですが、①は彼の属性について「彼」という男性が、その属性は女性的だと言っています。

ここから「らしい・ようだ」の違いが出てきます。（1）では対象の男性が男性の属性を十分兼ね備えているという話し手の**判断**に基づいて言っています。けれども、①は対象は男性なのに、女性的な属性を多く持っているという話し手の判断を表しています。つまり（1）の「らしい」では対象が男性そのものですが、①の「ようだ」はその男性が女性に似ていると言ってい

るわけです（「くせに」参照）。
　「よう・らしい」を分析するには、まず、三浦が言うように（1）（2）を区別し、本質的なちがいをおさえ、さらに「ようの二重性」を理解しなければなりません。

○ようの二重性
　「よう」は、話し手がすでに持っている「目標・願い・イメージ」などの固定観念と現実のことがらと二重構造になっている点が「らしい」と異なっています。
　対象Aが話し手の持っているイメージBに限りなく「接近」するのが「ようだ」の意味です。ですから、「ようだ」は「らしい」にはない次のような使い方があります。「よう」の二重性と接近を理解してください。
　（3）水泳教室に行ったので、泳げるようになった。

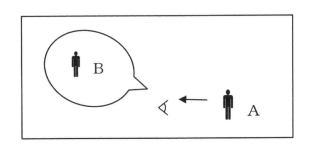

　（4）（医者が太っている人に）あまり食べすぎないようにしてください。

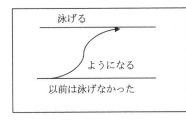
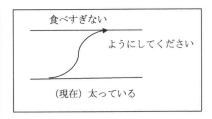

　（5）帰ったら電話をくれるように伝えてください。
　（6）（神社で）子どもがさずかるように祈る。
　以上の例から「ようだの二重性と接近」はすべての「ようだ」の使い方に共通していることがわかります。

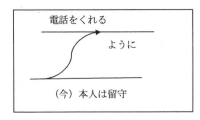
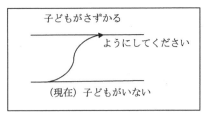

　会社で部長が社長に「お車が来たようです」と言うのも、「来たらしい」という単なる判断ではなく、「ようだ」の二重性によって受け手に丁寧に感じられるから使うのです。
　また、ある小さな会社で働いている娘さんのお母さんから電話がありました。でも、娘さんは席をはずしています。電話に出た部長は「あ、娘さんはちょっと席をはずしているようですね」と答えます。このような場合、「娘さんは席をはずしているらしいですね」とはあまり言わないようです。当然会社の上司だから、娘の動向は把握しているだろうという母親の気持ちを部長は無意識にふまえて（二重性：娘のことをよく知っているはずだ＋現在のこと）言っているのです。
　この二重性により「傘を忘れないでください」より「傘を忘れないようにしてください」のほうが丁寧に聞こえるらしいので、サービス業などでは後者をいうように指導しているらしいです。「ようだ」の方が「らしい」より強いという判断の強弱も関係しているようです。話し手の判断が弱いというところから、「らしい」の前には情報源を表す「〜よれば、によると」が前に来ることもあります。つまり、「らしい」は外的要因により「そういう気になる、そう思われる」という**受身的**なとらえ方なのです。

〇どうも
　「どうも」の「どう」は「こそあど」の一つ「こう・そう・ああ」グループの疑問詞です。「どう」自体は「どうすれば・どうしても」という使い方の他「どうかお願いします・どうぞおすわりください・どういたしまして」のような「あいさつ表現」にもよく使われています。「どう」はどうしてどうしてなかなかのクセモノです。
　例文を見てみましょう。
（１）母の具合がどうも思わしくない。

（2）「どうも」の意味がどうもよくわからない。
（3）どうも胃の調子が変だ。
（4）このごろ彼女の様子はどうもおかしい。
（5）どうも弱ったことになった。
（6）（いたずらばかりされている隣の人）お宅の息子さんにはどうも困ったものだ。
（7）（碁を打っている）どうもいかんねえ。（自分の手がよくない）
（8）（本人を前にして）どうも言いにくいんだけれど……。
（9）（カラオケ屋で）Ａ：あなたも一曲どうですか。
　　　　　　　　　　Ｂ：いやあ、カラオケはどうも……。
（10）午後はどうも雨になるようだ。
（11）（担任の先生に）どうも家の子がいろいろご迷惑をおかけしていると思います。
（12）どうもすみません。
（13）どうもいろいろお世話さまになりました。
（14）どうもありがとう。

　例文（1）（2）は後ろに否定形が来ていますが、（3）～（6）までは肯定文になっています。（8）（9）は両方とも言いさしですが、（9）の方は受け答えで使っています。（10）では現状から見て未来の予想として使っています。そして（11）～（14）ではあいさつ表現に使っているというように、「どうも」は多様な使い方をしています。
　ここで『敬語』で「どうも」はどんな解説になっているか見てみましょう。
　「『どうも』の基本義（→元々の意味、原文注）は理由がわからないという不審や困惑の気持ちにあるのである」（P257）とあり、別のところでは、例文をあげて次のように書いています。

　　・お宅の息子さんにもどうも困りましたねえ。
　　・「ケーキをいかが」「甘いものはどうも……」
　「どうも」は不確かなことをあいまいに述べるニュアンスだから逆に**はっきりわかっている気持ちやぼかすときにも使える**（中略）（P258）。

　さらに続けて「『どうも』はもともと不確かな理由を推量する不審な気持

ちを表す副詞だった。それが、確かなことについて使われたのが、今よく言われているあいさつ言葉である。⑧この間はどうもありがとう⑨『じゃ。またあした』『どうも失礼しました』（下略）」（P259）と説明しています。

なぜ「不確かなことをあいまいに述べるニュアンスだから逆にはっきりわかっている気持ちやぼかすときにも使える」のか、また「不確かな理由を推量する不審な気持ちを表す副詞が確かなことについて使われる」のか説明してほしいところです。説明があっちに行ったりこっち来たりしていて、自分の都合のいいつぎはぎだらけの解釈です。

『基礎』では「『どうも……ない』と呼応して、"どのようにしても"の意を表す。(中略)**話し手の意思を超えた事柄や事実を心でとらえることにより、ままならぬその対象が話し手の心理や感情を圧迫してくる**」（『基礎』2、P332、太字は引用者）とあります。「神学」か何かの説明のようで、どうもよくわかりません。

「どうも」の共通する意味はそうではなく「いろいろ考えたり、やったりしたけれども、**相手を考慮して低目の判断をする**（になる）」ところにあります。「低目の判断をする（になる）」とはどういうことでしょうか。あることがらに低目の評価をくだすと、【Ⅰ】対象になっていることがらがよくわからない、よくない状態という意味になります。例文（1）〜（4）がそれにあたります。

【Ⅱ】自分の行為に使えば、例文（5）（7）のように程度が低く、うまくない、おもしろくないといった意味になります。さらに例文（9）（11）（12）のように**自分自身を低くして遠慮・謙遜・謝罪**などの使い方にもなります。ここから（13）（14）のようにあいさつ表現としても使います。

単独で使われる「どうも」は「どうもすみません・どうもありがとう」の省略ではなく、「言いさし」の「どうも」が単独で使われるようになった可能性もあります(注1)。したがって、『敬語』の解説のように「どうも」の意味は「はっきりわかっている気持ちやぼかすときにも使える」でもなく、「もともと不確かな理由を推量する不審な気持ちを表す」でもありません。

【Ⅱ】主として相手の予想・判断を前提にした言い方
○そんなに〜ない

「そんなに」は後ろに否定形が来て、相手の考え（予想）を打ち消します。

（1）　A：いや、ここから家まで1時間かかりますか。
　　　　B：**そんなにかかりません。**
（2）　客：この指輪、5万円ぐらいします？
　　　　店員：**そんなにしません。** 3万円です

　会話でなくても、床屋で床屋の主人は帰ろうとする客に「お客さん、**そんなにかかりませんよ**」と言うのを聞いたことがあります。この場合は、入ってきた客は、混んでいて時間がかかると考えて、帰ろうとしたわけですが、それを見た床屋の主人が「そんなにかかりませんよ」と言って引き止めているわけです。

○それが
　『文型』の「それが」の説明を見ましょう。
　「『ところが』『それなのに』の意味。（中略）**相手の予想していなかったようなことを述べるときの前置き**」（P172）とありますが、相手の予想だけではなく、相手が思っていること、期待を裏切るときなどに使います。結果として相手にあやまる状況が多くなりますが、それは相手の期待どおりの答えをしないからです。
（1）　先生：きのうの宿題、やって来ましたか。
　　　　生徒：それが、やったけれども、家に忘れてきました。
（2）　友達₁：1万円貸してくれない？
　　　　友達₂：それが、きょう持ち合わせがないんだ。
（3）　警官：信号が見えなかったのかい？
　　　　運転手：それが暗くて、つい……。
　バスの中で実際に聞いた話。
（4）　奥さん₁：お宅の息子さん、アメリカに留学なさったそうね。
　　　　奥さん₂：それが、中国なんです。

　奥さん₂は留学はアメリカかヨーロッパだと思っている社会的通念を意識して、自分の息子の留学先が中国だから相手の予想に反していると思い、「それが」を使ったのです。

【Ⅲ】話し手および聞き手の予想・判断を前提にした言い方
○〜どころ

第二部　日本語の分析

『文型』は「どころ」を「1 どころか　2 どころか…ない　3 どころではない」の三つに分け、それぞれ次のように説明しています（P329～P330）。

> 1 どころか：前の部分で述べられたこととは正反対であるような事実が後ろに続き、話し手、あるいは、聞き手の予想・期待を根底からくつがえす事実を述べる場合に用いる。
> 2 どころか…ない：(前略) 平均的な基準や期待が満たされないばかりでなく、それより容易だったり、低い水準の期待さえも満たされないということを表す。
> 3 どころではない：(前略)「そのような活動ができる状況・場合でない」という意を表す。

1の説明「根底からくつがえす」とは、ずいぶん大げさですね。あがっている例文「A：あの人、まだ独身でしょう。B：独身どころか、子供が3人もいます」のようなことが天動説から地動説に変わるみたいに「根底からくつがえす」ほどなことなのでしょうか。

「どころか」の解説は2から3へ移るにしたがって、解説のトーンが下がってきます。けれども、1～3であがっている例文をよく見てみると、同じような使い方をしていることがわかります（例文の数字は『文型』があげているもの）。

> 1（6）この夏休みはゆっくり休むどころか、仕事に追われどうしだった。
> 2（2）A：今夜お暇ですか。
> 　　　B：暇どころか、食事をする暇さえありません。
> 3（4）A：今晩一杯いかがですか。
> 　　　B：仕事がたまっていて、それどころではないんです。

1の（6）も2の（2）の形にして「この夏休みは家でゆっくり休めるどころか、十分家で寝ることさえできませんでした」と言い換えられます。また3の（4）のBさんの答えも2の（2）のように「一杯どころか、食事さえ取れないんです」とも言えます。ということは、この「どころか」は、三

つとも共通の意味を持っていると言えます。ここでも形式主義の立場に立つと、言語の分析が表面的になってしまうことを物語っています。

では、三つに共通した意味は何なのでしょうか。「他者の予想と話し手の行為の結果や知っていることと食い違った（180度違う）とき、プラスの予想なら結果がマイナス〈Aタイプ〉、マイナスの予想なら結果はプラス〈Bタイプ〉」というのが共通した意味です。「どころか」を解くカギはやっぱり「予想」という認識行為にあります。

〈Aタイプ〉の例文。
（1）あのラーメン屋、東京一おいしいどころか、東京一まずいよ！
（2）A：あの留学生、漢字ができますか。
　　　B：先生！　漢字ができるどころか、ひらがなも満足に書けませんよ。
〈Bタイプ〉の例文。
（3）社長：彼女は外国語はできなんだね。
　　　秘書：できないどころか、四ヶ国語できますよ！
（4）A：あの留学生、漢字が全然書けませんね。
　　　B：田中先生！　できないどころか、他の生徒が知らない漢字も知っていますよ。

『文型』は〈Bタイプ〉の例文をとりあげていません。（4）は（2）の反対のことがらを表した例文です。

なお、「どころか」には次のような使い方もあります。話し手自身がはじめの予想（マイナス）よりさらに悪い結果になりそうな予想をするときです。
（5）（会社員が遅刻して）こりゃ、遅刻どころか欠勤扱いになるかもしれないなあ。
（6）（サッカーの試合を見ながら）このままだと、1点どころか3点はとられそうだな。

この使い方は「AはおろかB」の表現に近くなります。

○といっても

これまた『文型』を見てみます。この辞書では「といっても」が文で使われる場所によって、文頭と文中に分けています。分けたといっても意味は同じなのだから、分けるんだったら、文中の「といっても」の接続にふれるべきです。

①名詞②辞書形③「た」の形④い形容詞に接続すると表示した方が「文型辞典」としては親切だと思います。『文型』の説明は「前文で述べたことから**期待されることがら**に対して、実際はそれほど程度が**重くない**と修正をくわえ、限定するのに使う」(P307)とあります。本当にそうでしょうか。下の例文（5）の「指を切った」ことは「期待されることがら」なのでしょうか。

まず、プラスのことがらの例文をあげてみましょう。

（1）日曜日は休みといっても、午後は月曜日の準備をしなければならない（文中、名詞に接続）。
（2）A：車を買ったそうですね。
　　　B：といっても中古です。（文頭）
（3）A：今度マンションに引越しされるんですか。
　　　B：ええ、マンションといってもアパートに毛のはえたようなところですが。（文中、名詞に接続）
（4）A：外国旅行に行くんですって！
　　　B：いやあ、外国に行くといっても、香港に一泊だけですよ！（文中、辞書形に接続）

こんどはマイナスのことがらの例文。

（5）指を切ったといっても、かすり傷です。（文中、「たの形に接続）
（6）A：お父様が入院されたそうですね。
　　　B：入院といっても人間ドッグです。（文中、名詞に接続）
（7）A：どうぼうに入られたんですか。
　　　B：といっても、引き出しに入れてた小銭だけですよ。（文頭）
（8）A：飛行機で行くんですか。高いでしょう？
　　　B：高いといっても、新幹線とかわらないですよ。（文中、い形容詞に接続）

以上の例のように「といっても」は期待されることがらではなく、「**プラスのことがらでも、マイナスのことがらでも前文の内容あるいは相手が言ったことがら（相手の予想）の内容を軽減する**」のが本来の意味です。

　注1：林家三平（初代）という落語家は「どうもスミマセン」ということを多
　　　発する噺家として知られていたが、なぜよく言ったのだろうか。これは彼の

サービス精神のあらわれで、自分をさげることにより相手をもちあげることになるから多用したのだと思われる。
注２：この「〜どころか」と、接続詞の「ところが」は、話し手の予想に反してという点で共通性がある。

8．「ふくし」が遅れています

「ふくし」が遅れていますというと、「福祉」を連想するかもしれませんが、そうではなくて言語研究において「副詞」が遅れているのです。(注1)いわゆる「副詞」には性質の違ういろいろなものが入っていて、これを一度整理しなければならないことと認識論を無視していることによります。しかし、日本語を教えるときは、そういう研究の成果を待っていられないから、日本語教育者からも分析がされています。けれども認識論を欠いた分析ではたちまち副詞の難解さに直面してしまいます。

三浦的にいえば「日本語研究者の分析能力が問われる」のです。単なるおもいつきでは正しい説明にはなりません。ここでいくつかの代表的な副詞をあげて、それを見てみようと思います。

本題に入る前に副詞ではありませんが、「なんか」という語で柔軟体操をしましょう。「なんか」は、次のような使い方をします。

（１）　Ａ：歌が上手ですね。
　　　　Ｂ：いいえ、わたし**なんか**。
（２）　Ａ：お花、ずいぶん進歩しましたね。
　　　　Ｂ：いいえ、わたし**なんか**まだまだ。石川さんの方がいいですよ。

上の二つは「**謙遜・遠慮**」の意味に使っていますが、次の言い方になると違ってきます。

（３）　あんた**なんか**もう信じられない。
（４）　こんなレストラン**なんか**二度と来るもんか！

この例文では、話し手の「**軽蔑・怒り**」を表しています。（１）（２）と（３）（４）の例文は、「謙遜」と「軽蔑」という相反する意味になっていますが、なぜでしょうか。

この「なんか」は「下にさげる」が、基本の意味だから、①自分を下げれば「謙遜」の意味に、②相手を下げれば「軽蔑」の意味になることがわかり

ます。下にさがりすぎると、今度は次のように「居直り」の意味になります。
（5）A：こんど、僕んち、液晶テレビのすごいの買ったんだから。
　　　B：ふん、僕んちなんか３Ｄのテレビなんだから。
　以上の例は、私たちに言語の二面性に気をつけなければならないことを教えてくれています。
　もう一つ「とんでもない」をとりあげて見ましょう。
（6）A：あなたの会社の社長さん、よさそうな人じゃない。
　　　B：とんでもない！　まるっきり逆よ！　給料はあげないし、残業は多いし。
（7）A：（Ｂからおみやげをもらって）すみませんね。いつも頂き物ばかりで。
　　　B：とんでもありません。こちらこそいつも頂いてばかりで。
　（6）と（7）の例は、現象的には矛盾しているようですが、よく考えて見ると、両方とも「相手の考えを強く否定している」点で共通しています。（6）の文では「よさそうな社長」という相手のプラスの考えを否定し、（7）の文ではＢがＡの「Ｂからいつもなにかをもらってばかりいる」という感謝の念を強く否定しています。あいさつとして人間関係のバランスを保つ役割をしているのです。
　『この言葉？』の「とんでもない」で入選したハミングバードさんは「誰かの発言に対して、(そんなことは決してない)と強く否定するときに言います。例えば、『昨日はありがとうございました。田中さんのおかげで、無事、パーティーが成功しました』『いえいえ、とんでもないです』とか（中略）『木村部長って優しい人なんですね？』『部長が?! とんでもない。いつも怒っているよ』とかです」と説明していて、たしかに「とんでもない」（P88）の一面を突いています。ただし、「発言」ではなく相手の考えを否定していて、「田中さん云々」は相手の感謝に対して謙遜している例だし、「木村部長云々」の例は相手の考えを否定している例です。「発言」そのものを否定しているわけではありません。
　これに対して解説者は「驚きと否定のニュアンスを込めて実演している様子が目に浮かぶようです」などとまったくトンチンカンな講評をしています。
　日本語の表現を分析するとき、こうした「社交辞令」の言い方に注意しなければなりません。たとえば、日本語の動詞は自動詞・他動詞を形の上で区

別し、「窓があく・窓をあける。電気がつく・電気をつける」と言い分けます。それで、「自動詞」は文法的に「他に作用をおよぼす意味を持たない動詞」（『広』）、「他動詞」は「ある客体に作用を及ぼす意味をもつ動詞」（同前）などと説明されています。

　もし、「自動詞・他動詞」の説明がこの通りだとすると、次のような場面ではどう説明がつくのでしょうか。

　いまここに社長と課長がいたとします。そして、社長がたばこを吸おうとしますが、ライターがありません。そこで、課長は**自分のライターをつけたけれども**、こう言うでしょう。「社長！、**火がつきました**」と。なぜ、自分で火をつけたのに、他動詞「つけました」を使わないで、自動詞「つきました」と言うのでしょうか。水面から出ている氷山しか見ない人は、なぜ課長がこんな使い方をするのかうまく説明できません。課長は、いま関心になっていること（火がつくか・つかないか）を先に言おうとしているのです。そういう場合、**自動詞を先に言うことになっている**（社交辞令・エチケット）から、そうしたまでのことです。

　電車の中の、いわゆる中吊りでも「犯人**見つかる**！」のように読者が結果を早く知りたがっているので、自動詞を先に使います。読者の要望に答えてそういう表現にするのです。読者が落ち着いて、じゃ犯人は誰が見つけたのだろうかと関心がその行為を行ったものに向いたとき、はじめて「あー、警視庁が**見つけた**のか」と他動詞が出てきます。

　また、都会に住んでいるあなたが、いなかの親戚の子どもが今度都会に住むので、アパートをさがしてあげるとしましょう。あなたはちょうどいいアパートをみつけました。そこですぐその子どもに連絡します。そのときあなたは自分でみつけても「○○ちゃん、いいアパートがみつかったよ」というふうに言うでしょう。結果を先に知らせてあげるのです。（注2）

　さて、本題の副詞について説明して行きましょう。

○どうせ

　たびたび出てくる『敬語』という本では「民主主義にさからう言葉『どうせ』」という章を立て「『どうせ』は、自分の影響力が対象に及ばないことについての無力感に根ざした表現である」（P234）と説明してあります。

　この本の著者は「『どうせ』は民主主義に真っ向からさからう言葉なので

ある」(同前)とまで言い切っています。本当に「どうせ」が民主主義に真っ向からさからう言葉なのでしょうか。もともとどんな語や表現自体には何かを変える力はありません。問題はその語や表現を使っている人間側の責任です。ですから、この著者は「どうせ」という語を使う人の態度は民主主義ではないと言いたかったのかもしれません。言語をいじっていると、あたかも語や表現そのものが何か力を持っていると思いがちです。いわゆる「言霊思想」に陥ってしまうのです。

　この「どうせ」を次のような場面で検証してみましょう。

　喫茶店で、あるお客がコーヒーを頼みました。でも、ウェートレスはコーヒーを運んでくるとき、あやまってそのお客のズボンにコーヒーをこぼしてしまいました。それで、彼女はそのお客にあやまり、洗濯代を払うからと言いました。しかし、そのお客は「いいよ、**どうせ**洗濯にだそうと思っていたところなんだ」と答えました。

　このお客は民主主義にさからって「どうせ」を使っているのでしょうか。また、無力感からそう言ったのでしょうか。いいえ、そうではありません。この場面でお客は彼女の気持ちの負担を軽くしようとして、つまり親切心から「どうせ」を使ったのです。ところが、『敬語』の著者は、最初に次の四つの例文をあげて、「これらの文から感じられる**侮辱と自暴自棄のニュアンスが、どうせという言葉を理解するカギなのである**」(太字は原文)と結論づけています。

　　①おれに貸してみろ。お前じゃ<u>どうせ</u>ろくなざまにできないよ。
　　②「ごめん一時間寝坊した」「<u>どうせ</u>そんなことだろうと思っていたわ」
　　③(大学受験)ぼくなんか<u>どうせ</u>落ちるにきまっているんだ。
　　④(夫婦ゲンカ)「えええええ、<u>どうせ</u>私はバカですよ。

　また、一方では「『どうせ』には実はもう一つの意味がある」と言ってさらに次の四つの例をあげています(P235)。

　　⑤<u>どうせ</u>やるんなら徹底的にやったらどうだ。
　　⑥そんな古い家具、<u>どうせ</u>捨てようと思ってたんだ。いるんなら持ってけよ。

⑦じたばたしても始まらないな。どうせ手術はしなきゃならないんだから。

⑧せっかく熱海まで来たんだから、どうせのことに伊東まで足を延ばさないか。

　そして「『どうせ』を使うと、同じ行為や結果になったことに対して侮辱する感情が加わるのである」（P236）と説明しています。なぜ⑤に侮辱の感情が加わるのでしょうか。⑧の例文でも、どうして熱海から伊東に行くことが「**侮辱する感情が加わったり、自分の影響力が対象に及ばないことについての無力感に根ざした表現**」（太字は原文）になったりするのでしょうか。

　これでは、あとから別の新しい証拠が出てきても、最初の容疑者を犯人だと決め付けてしまい、意見を変えようとしない頑迷(がんめい)な刑事と同じです。「どうせ」が侮辱と自暴自棄と決め付けたらさいご、どんな例文でも意見を変えないのです。

　三浦つとむは「アガサ・クリスティが、その小説の中で名探偵ポアロに『一つでもその犯人にあてはまらない証拠があれば、その仮説をすてなければならない(注3)』と言わせている」とどこかで書いています。つまり、分析した結果が実際の運用で一つでも合わなければ、その分析結果は不十分か間違っているかなのです。どんなにつらくても、捨てなければなりません。

　この著者の分析の一部がいくら正しくても、それがすべての言い方に合わなければ駄目なのです。正当な認識論を欠くと独断と偏見になりがちです。知らないと恥をかくのは誰なんでしょうか。どうせ何を言ってもゆるされるからでしょうか。それとも、誰も批評しないから思いつきで言ってもいいと思っているからなのでしょうか。

　では、「どうせ」は一体どんな意味を持っているのでしょうか。最初に「どっちみち」と比べて見ましょう。

（１）（自分の車をスピードをあげて追い越す車を見て）そんなに急いだって、この先の信号で**どうせ**待たなければならないんだ。

（２）**どっちみち**この先の信号で待たされるんだから。

　この二つの違いはどこにあるのでしょうか。二つとも「①急ぐ②急がない」という二つのことを言っているようですが、「どっちみち」は同じ結果になるのが時間的に早いか遅いかに関心があるだけです。

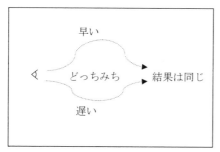 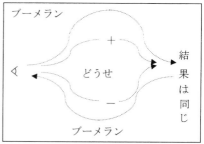

　これに対し「どうせ」は、ブーメラン用法で、結果は同じだとわかっているけれども、（相手の意見を聞かずに）自分で結論を出すときに使います。このとき、マイナス志向とプラス志向の二つの選択肢があります。
マイナス志向。
【1】（相手の話を聞かないで）相手を馬鹿にしたり、低く見たりする：『敬語』の例文①②
【2】不毛な論議をしないで、あきらめたりいなおったりする：同③④
【3】**自分を低めることで相手の負担を軽くする**：同⑥
プラス志向。
【1】同じ結論になるのがわかっていても、**いい方を選択する**：同⑤⑦⑧
　このうちプラス志向の【1】の⑦と⑧は「どっちみち」を使っても言えます。話し手はどっちをやっても同じ結果になることがわかっているから、そこからあきらめたり、無力感に陥ったりするのは当然かもしれません。ところが、「どうせ」の使い方はそれだけではないのです。その限られた選択肢のなかでもがんばろうという使い方もあります。それがこのプラス志向の【1】の使い方です。
　また、『敬語』の著者はマイナス志向の【3】の「相手の心理的負担を軽くする使い方」（『敬語』の例文⑥および上であげた喫茶店での例）を見逃しています。話し手は相手が過度に遠慮しないように結論をはやく言っています。「A：引越しを手伝ってもらうの悪いな。B：いや、どうせひまですから」などというやり取りも同様です。自分のことをマイナス志向でとらえることで相手の心理的負担を軽くしているのです。ですから、『敬語』の著者が言うように「『どうせ』が民主主義さからうことば」どころか、この「どうせ」の使い方こそよくも悪くも日本人の気配りの一つだと言えるのです。

「どうせ」が同じような二者選択の「なら」(12章参照) と組み合わせて「どうせ〜なら」(『敬語』例文⑤) と使うのも、両者の二者選択性を裏付けています。

○わざわざ・せっかく

さきほどあげた『この言葉？』という本は「わざわざ」の説明のところで、この解説者はわざわざ投稿者の文を下敷きにして「〈もっと簡単な方法があるのに大変なやり方でするときに使う〉、これが【わざわざ】の説明として要領を得ています」(P164) と書いています。本当にそうでしょうか。『広』には次のように出ています。

　　　　わざわざ：①その事だけのために、特に行うさま。
　　　　　　　　　②ことさらに。故意に。わざと。

このぐらいの説明ならわざわざ辞書を引く必要がないかもしれません。次のような場面で検証してみましょう。

来客中に雨が降ってきたので、主人は傘の用意がない客に帰るとき「ついでのときで結構ですから」と言って傘を貸します。ところが、その客は翌日晴天にもかかわらず、傘を返しに来たので、「わざわざすみませんね。ついでのときでよろしかったのに」と言って傘を返しにきた相手をねぎらいます。

また、次のような会話。

夫：家にまだあるのに、わざわざ買いに行ったのかい。

妻：だって、あれは古くなったから、新しいのがいるのよ！

ここで『文型』に登場してもらいましょう。『文型』の説明では「何かのついでではなく、特にそのことだけのために何かをする様子や、義務ではないが好意・善意・心配などからそれをする、という様子を表す」(P646) とあります。

この説明も何のことだかわかりません。『基礎』も「よりかんたんな方法、よりかんたんな解決策があるのにもかかわらず、ことさら遠回りな (ママ) 方法、余計な時間や労力のかかるな道筋を選んで、手間暇をかけるときに用いる」(『基礎1』P481) とありますが、なぜ話し手は「労力のかかる迂遠な道筋を選んで、手間暇をかける」のか説明がありません。

「わざわざ」の基本的な意味は「余計なことをすること」だと思います。その否定表現「わざわざそんなことをしない」は「余計なことをしない」ということです。では、なぜ、傘を返しにきてくれた相手に使うかと言うと、「ついでのときでいいのに、余計なことをしてくれた」から、つまり相手がしてくれた**余計な行為・労苦**に対して「すみません」と**感謝の気持ち**で言っているわけです。余計なことをしてくれたからこそ感謝の気持ちが強くなるのです。[注4]

　一方「わざわざ来てやったのに、留守とは、まったく腹が立つなあ」と自分に使うと、「頼まれて余計なことをしに来てやったのにむくわれない」という話し手の憤慨した言い方になります。この言い方は「せっかく」の使い方に近くなりますが、「せっかく」の方は「**ある目的のために特別なことをする**」ことが基本的な意味で、多くはその**期待・行為**が裏切られて「せっかく～たのに」という言い方になります。

　ここで「せっかく」が出たので『文型』でどうなっているか見てみましょう。『文型』は呼応の仕方で、次の九つに分けています（P158～P160）。せっかくだから、全部あげてみましょう。

　　　1 せっかく…からには　 2 せっかく…けれども　 3 せっかく…のだから
　　　4 せっかく…のだったら　 5 せっかく…のに・ても　 6 せっかくのN
　　　7 せっかく＋連体修飾句＋N　 8 せっかくですが　 9 せっかくですから

　なぜこんなに細かく分けたのでしょうか。それが形式主義・機能主義たるゆえんです。形から入るのですが、分けたら横の関連を軽視するから、1と3、2と5、6と7が同じ使い方だとは思わないのです。つまり、一定の型に押し込んだら、こんどはその型に足を引っ張られてしまうのです。

　「せっかく」には基本的には次頁の図の左側のように次の二つの使い方しかありません。①これからする（未完了）場合は肯定（＋）形で使い「その機会を生かす、特別な目的で行う」という意味。②すでに終わった（完了）場合は「その機会を生かせなかった、不首尾」（―の結果）という意味。また、相手から勧められた場合、承諾すれば③「せっかくですから～」（＋）と言い、断るならば④「せっかくですけれども～」（―）と言います。

　現に『文型』の1の（1）の例文「せっかく留学するからには、できる限

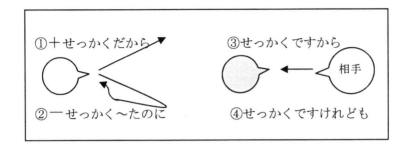

り多くの知識を身につけて帰りたい」は、3に置きかえて「せっかく留学するのだから、できる限り多くの知識を身につけて帰りなさい」と相手に言うこともできます。2も（1）の例文「せっかくここまできた**けれども**、雨がひどくなってきたから引き返そう」を5に置きかえて「せっかくここまできた**のに**、引き返すは残念だ」と言えます。7の（1）の例文「**せっかく書いた原稿をなくしてしまった**」も6にして「**せっかくの原稿をなくしてしまった**」とも言えます。要するに、そんなに細かく分ける必要がないということです。

　さて、また「わざわざ」にもどって、『敬語』の「わざわざ」の解説を見てみましょう。「『**わざわざ**』は**労力への感謝を表す**。意図的に行った行為に労力を伴っていることを話者が認めたというニュアンスの言葉である」（P251、太字は原文）。

　たしかに本文にある「わざわざ来てもらったのに、出かけてて悪かったね」とか「わざわざおいでいただき恐縮に存じます」という文ではそう意味になるし、「わざわざ」の意味の一面を突いているようです。けれども、この著者が他にわざわざあげている「人がわざわざ教えてやったのに、あいつは聞く耳を持たないんだ」とか「彼は混んだ中央線に乗らずわざわざ遠回りして会社に行く」では**労力への感謝を表す**意味などありません。「話者は『彼』の労力を認めているが、それに対する気持ちは表れない」などというトンチンカンな説明をしています。

　もともと「わざわざ」の基本的な意味は「労力への感謝を表す」ではないのです。著者があげた例文「彼は混んだ中央線に乗らずわざわざ**遠回りして会社に行く**」の使い方こそが「余計なことをする」という「わざわざ」の本当の意義なのです。最初に「わざわざ」は労力への感謝だという結論を出し

てしまったから、そういう苦しい説明になってしまいました。自分で自分の首をしめてしまった結果です。

　この章の冒頭に「なんか」「とんでもない」で説明したように同じ語でも、現象的には使い方が反対になることに注意しなければなりません。このような表現の二面性の使い方がまだご納得いかない人には「かんざしも逆手(さかて)に持てばおそろしい」という古川柳を鑑賞するようおすすめします。言語分析に携わる人はこの「言語表現の二面性」ということを常に頭においておかなければならないのです。

○さっぱり

　次に「さっぱり」を見ることにしましょう。
（１）お風呂に入ってさっぱりした。
（２）暑いときは、さっぱりした料理が食べたい。
　この二つの例文は話し手にとって**気持ちがいい**という意味になります。
（３）釣りに行ったけど、きょうはさっぱりだ。
（４）ゆうべのことはさっぱり覚えていない。
　この二つの例文は「ぜんぜん～ない」の意味で使っています。
「さっぱり」がさっぱりわからないのは現象（表面）ばかり見ているからです。実は（１）～（４）は同じ使い方をしています。それぞれに共通した意味は「（何かして）**余分なものがない→いい気持ち**」「**いい結果が出ない→残らない**」です。（１）は余分なもの（よごれ・あかなど）がなくなっていい気持ちだという意味。（２）は油を使わない単純な味の料理が食べたいという意味で使っています。（３）は「なにも釣れない→いい結果が出ない」という意味。（４）は「覚えていることが残っていない→全部忘れてしまった」という意味で使っています。

　『この言葉？』の解説者が「すっきり」と比較して、「**『さっぱり』が頭の外側、つまり頭髪の形状や頭皮の感覚をいい、『すっきり』が頭の内側、つまり思考の整理や心理状態に関することだという説明は、学習者も納得しやすいでしょう**」（P152、太字は引用者）と書いているのは、まったく噴飯(ふんぱん)ものです。自分たちがよくわからない、納得できないことをどうやって外国人に納得させられるのでしょうか。言語に関するおおまかなつかみがないと、局部的な説明になりがちです。この説明では、なぜ同じ「さっぱり」という語

が「(釣れなくて)きょうはさっぱりだ」と「さっぱりした味が好き」という二つ文で共通して使えるのかわかりません。
　『基礎』も「脳中にある事柄が消滅すること。したがって"こだわることがない""さわやかである"状態にも用いられる」(『基礎1』P220)とありますが、なぜ「脳中にある事柄が消滅することが、さわやかであること」につながるのか、さっぱりわかりません。
　毎度おなじみの『文型』でも「さっぱり」をとりあげています。なぜ文型でもない「さっぱり」という副詞がこの辞典にのせられているのか、これまたさっぱりわかりませんが、説明はいつものように形式的な説明です。「さっぱり〜ない」は「否定表現(動詞が多い)を強めるのに用いられる。**期待どおりにならない**、という意味あいをふくむ時がおおい」(P132)。「さっぱりだ」は「よくない、うまくいかないという意味」(同前)と説明しています。
　この解説者は、お風呂に入っても「期待どおりに**さっぱり**しない」のでしょうか。食欲がないとき「**さっぱり**したもの」が食べたくならないのでしょうか。解説者は「さっぱり」のプラスの意味の使い方を考えなかったのか、「さっぱり〜ない」「さっぱり〜だ」の形式にとらわれすぎたのか、結果として上のような解釈になってしまいました。
　いままで述べてきたことが、さっぱりわからない人には「かんざし」をあげたいと思います。言語の二面性がわからない記念として。

〇ついに・とうとう・やっと・ようやく
　『この言葉?』の解説者は「【ついに】と【とうとう】の差は微妙で【とうとう】は状況がだんだん悪化して望ましくない結果に至る場合によく用います(以下省略)」(P170)と説明していますが、「差は微妙」とか「微妙なニュアンス」(同書P42)などと言うのは解説者が自分でわからないと言っているようなものです。
　この本の投稿者も解説者も**予想**ということがわかっていないのです。『文型』の「ついに」の解説者も「さまざまな経過を経てとうとう(ママ)実現する様子」(P227)というように「とうとう」に下駄を預けてしまいました。
　「ついに」は下の例文のようにあることがらが予想された区切りに到達したときに使います。

107

（1）（1ドル＝110円が予想されている）ついに1ドル110円になった！
（2）（二人は近々結婚するうわさがあった）うわさのカップルついに結婚。

　否定表現は「1時間待ったけれども、彼はついに来なかった」という言い方になります。**待つ限度を1時間（区切り）**として待ったけれども、結局彼は来なかったと使っているのです。否定形の場合は、その**区切りの時間帯にできなかった**という意味になります。

　ところで、日本語には同じ下から上への移動を表す動詞に「あがる」と「のぼる」の二つの動詞があります。「あがる」は図のように下から上へした移動結果を、「のぼる」は下から上へ移動した経過を表現しています。

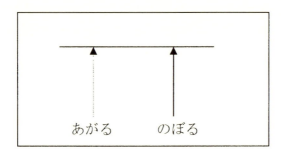

　つまり、「あがる」は結果に関心があり、「のぼる」はそれに至る経過を重視している点が異なっているわけです。ただし、「山にのぼる」は「結果」を「階段をのぼる」は「経過」というように接続する助詞によって、変わることもあります。

　前者を「**結論重視型**」、後者を「**過程重視型**」と名づけましょう。

　「とうとう」は漢字の「到」から来ていると思いますが、長い時間かかって事態がある状態に到達するという意味で、いい意味でも悪い意味でも使います。「過程重視型」です。

（3）父が昨夜とうとうなくなった。
（4）X博士は10年かかって新薬をとうとう完成させた。

　否定表現は「彼女はとうとう来なかった」となります。

　次に「やっと」です。例文を見てください。

（5）やっとの思いで打ち明けた。
（6）（1週間雨が続いたけれども）やっと晴れた。
（7）そのときやっと十歳になるかならなかった。

（8）　食べていくのがやっとです。（名詞的用法）
　上の例文でわかるように「やっと」は「**かろうじてそういう状態になった**」という意味で使われています。『文型』の「話し手が待ち望んでいたことについてしか使えない」（P603）という説明は見当ちがいです。
　「ようやく」も話し手が待ち望んでいたことが実現したときに使いますが、「やっと」が「結果重視型」なのに比べ、「ようやく」は例文のように「過程重視型」です。
（9）　パーティーの終わりごろになって、ようやく彼が現れた。
（10）　ようやく回復の兆しが見えてきた。
　おかげさまでようやくわかりました。

○急に・突然・いきなり・たちまち
　この四つも違いがわかりにくい副詞の一つですが、ここでとりあげて見ましょう。「急に」や「突然」などのような漢語系の語は、表記されている漢字がヒントになることがあります。
　「急に」は「急な坂」という言い方があるように、AからBへの移行が時間的にはやい意味で使います。
（1）　急に頭が痛くなった。
（2）　車は急に止まれない。
　「突然」は「突く」の意味で、自然災害・事故あるいは感情の変化などの突発的なものに使います。
（3）　突然建物が揺れだした。
（4）　突然怒り出した。
（5）　突然炎のごとく（1961年製作のフランス映画）
　「いきなり」は、話し手がそうなると**予想しないこと（行為）**が起こること、予想したこととは異なった動きが起こったとき使います。
（6）　いきなり路地からネコが飛び出しきた。
（7）　第一打席でいきなりホームラン。
　予想しない行為が起きたことで、意外性が強調されます。
　「たちまち」は短時間で全部終了するか開始したとき、使います。プラスの意味でもマイナスの意味でも使います。
（8）　そのゲームはたちまち売り切れになった。

（9）黒雲が出てきてたちまち太陽を覆い隠した。
（10）たちまちの鬨(とき)の声が対岸からあがった。
　四つをまとめて図示しましょう。

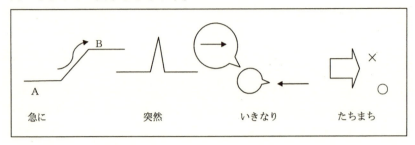

〇いちおう・とりあえず
　例文を見てみます。
（1）平社員：部長、僕のレポートみていただけましたか。
　　　部長：ああ、いちおう見たけれど……。
（2）A：新しい家はできあがりましたか。
　　　B：ええ、外装はいちおうできたんだが、内装がまだなんだ。
（3）患者の両親：あのー、うちの子、大丈夫でしょうか。
　　　医者：いちおう、注射を打っときましたから。
（4）（海外旅行する息子に）母：お金、持った？
　　　子：いちおう1,000ドル余計に持ったから、大丈夫だと思うけど。
　「いちおう」は①（内容ではなく）形（形式）だけを整えて終わらせる・表面的には整った形にする②念のため、という意味で使います。①は「とりあえず」の意味に近くなりますが、「とりあえず」の方は「応急措置・臨時」の意味が強く、積極的です。「いちおう」の方は消極的です。②は「念のた

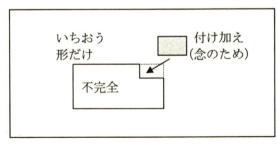

め」の意味に近くなります。なぜ「いちおう」が、①と②のような使い方ができるのでしょうか。その理由は「いちおう」が下図のように「不完全だから→それを補うため→念のため」という流れで使うようになったと思われます。

○とにかく
　とにかく先に例文を見てみましょう。
（１）（友達のアパート）A：電気がついてないわよ。
　　　　B：とにかく部屋まで行ってみよう。
（２）お客：このしみまだとれてませんよ。
　　　洗濯屋：これ以上やると、生地が傷みますよ。
　　　お客：とにかく、もう一度洗ってください。
　　　洗濯屋：じゃ、とにかくやるだけはやって見ましょう。
（３）A：Dさん、入院したそうです。
　　　B：交通事故かしら？
　　　C：ここで話していても、なんですから、とにかく病院に行ってみましょう！
（４）A：きょうはとにかく暑い日だ。

（２）では、言われた洗濯屋はしかたなく「とにかくやって見ましょう」と言っています。この「とにかく」は、「いちおう」に近い意味になります。（４）は話し手が自分が納得するようなかたちで話し手自身に言っています。「とにかく」は「論議をするよりも結論を出し、実行する」という意味です。ですから、相手に使えば、相手の「口ふうじ」あるいは相手の考えをねじふせるということになります。

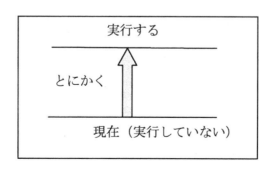

第二部　日本語の分析

〇ほとんど
　こんどは「ほとんど」を見てみましょう。少なくなった分量に対して、次のように二通りの言い方ができます。
（1）もらったウィスキーはほとんど飲んでしまった。
（2）もらったウィスキーほとんど残っていない。

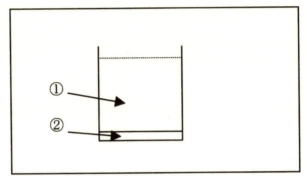

　（1）の言い方は、残っていない部分①に着目して肯定形で言っているのに対し、（2）は残っている部分②の立場で否定形で言っています。現実と話し手の観念の世界とでは反対になっていることがわかります。

〇まだ・もう
　「まだ」もそういう意味では、とても興味ある語で、奥が深いです。現象的にも「お茶、（Aタイプ）もう飲みましたか」という問いに対して「いいえ、**まだ飲んでいません**」と否定形で答えたり、「**まだあります**。どうもありがとう」（Bタイプ）と肯定形で答えたりします。簡単なようですが、認識論を欠くと満足な説明がえられません。ここで重要な点は「ほとんど」と同じように対象を二つの異なった立場からとらえているけれども、**同じことを言っている**ということです（10章「どっちをいっても」参照）。
　「まだ」の対である「もう」といっしょに見てみましょう。そうすると「もう」も「もう食べました」という言い方と「もうありません」という二つの言い方をすることがわかります。では、なぜそれぞれ「否定表現」と「肯定表現」ができるのでしょうか。
　これも三浦が言うように「**構造の一致がある**」からです。図で示しましょう。現象（視覚）と言語表現とはかならずしも一致しないことはすでに見て

きました。

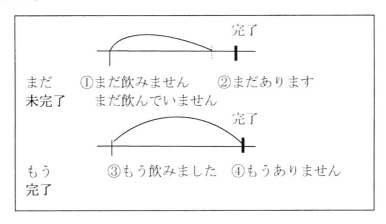

「まだ」はことがらを**未完了**としてとらえるから、①のように「飲む」という動作を完了させないときは、「まだ飲みません」と言います。完了していないときは、事態を過去から現在までを**幅的**にとらえて「まだ飲んでいません」と言うでしょう。また、②のようにお茶が残っているかどうかの点から見れば、「まだあります」とも言えます。ある意味で「終わっていないこと（未完了）」は「続いていること（継続）」なのです。

一方、「もう」はことがらを**完了**としてとらえるから、「③もう飲みました→④もうありません」というように使います。つまり、「全部終わったこと（完了）」は「ないこと」につながります。「未完了」と「継続」、「完了」と「存在しない」はそれぞれ表と裏の関係です。

次に例文を見てみましょう。
（1）A：もう朝ごはんを食べましたか。
　　　B：もう食べました。
　　　C：いいえ、まだ食べていません。
（2）A：(会社で) もう帰りますか。
　　　B：まだ帰りません。きょうは残業して帰ります。

上のように「もう〜しましたか」に対して「まだ〜ていません」、「もう〜しますか」に対しては「まだ〜せん」と答えることがわかります。しかし、次の会話のように「もう〜ました」とはっきり聞かないときがあることに気を付けなければなりません。

（3）A：今週何をしますか。
　　　B：いいえ、まだ決めていません。
（4）A：あした何を食べるつもりですか。
　　　B：いいえ、まだ決めていません。

　この（3）の「今週何をしますか」と（4）の「あした何を食べるつもりですか」は「もう決めましたか」という意味ですから、Bは「いいえ、まだ決めていません」と答えているのです。
　『文型』の「まだ」の解釈を紹介しましょう。同書では次の六つに分類しています（P542～P544）。1と4は形式から分類し、2～3および5～6は内容から分類していて、あいかわらずごちゃまぜです。

　　　　1まだ…ない　　2まだ〈過去からの継続〉　　3まだ〈未来への継続〉
　　　　4まだ…ある　　5まだ〈経過〉　　6まだ〈比較〉

　私たちはすでに「まだ」が、同じことがらを否定表現〈Aタイプ〉と肯定表現〈Bタイプ〉の二つのとらえ方のいづれかで表現することを見てきました。そうすると、上の六つはA・Bどちらかのタイプにあてはまるはずです。やってみましょう。
　『文型』の1は「まだ～ない」という未完了の典型的な〈Aタイプ〉です。2は〈Bタイプ〉です。2であげている例文「今年になっても、日本の経済は**まだ**低迷を続けている」は〈Aタイプ〉の「まだよくならない」の裏返しで「継続」の意味です。3は未完了のままの状態が続くという意味で、文によって〈Aタイプ〉と〈Bタイプ〉②タイプに分かれます。たとえば、『文型』が3であげている「これから、**まだ**もっと寒くなる」は「まだ暖かくならない」〈Aタイプ〉の裏返しで〈Bタイプ〉だし、「景気は**まだ**当分よくならない」という文は〈Aタイプ〉です。
　また、4は「開演までには、**まだ**時間がある」というように〈Bタイプ〉。5は「ある一定量（完了）に達しない」というとらえ方をしていますが、これも文によって〈Aタイプ〉か〈Bタイプ〉になります。「**まだ**1時間しかたっていない」は〈Aタイプ〉、「日本にきて、**まだ**半年だ」は「日本に来て半年しかすぎていない」〈Aタイプ〉の裏返しで〈Bタイプ〉です。
　さて、最後の6は「家事はみんな嫌いだが、掃除より洗濯の方が、まだま

しだ」というように「まだましだ」「まだいい」という表現になっています。
　なぜこんな言い方をするのか考えてみましょう。ふるさとからりんごが一箱届きましたが、ほとんど傷んでいました。全部捨てるのはしのびないので、中を開けて一つ一つ調べてみました。すると、中には食べられそうなものもありました。そこで「(他のりんごと比べて)これはまだ全部腐ってない→これはまだ食べられそうだ→これはまだいい」となります。つまり、完全に腐っていない(完了していない)から「いい」と言っているわけです。「家事はみんな嫌いだが、掃除より洗濯の方が、まだましだ」という言い方は、「洗濯の方は完全に嫌いではない→まだましだ」という使い方になります。これは〈Bタイプ〉に入ります。
　『文型』の分類は結局二つのタイプに還元できることがわかりましたが、「まだ」の解説にまだ少し気になることが書かれています。

　　　「もう…ましたか」という質問に対しての否定の答えは「いいえ、…ていません」という形を使うことが多い。「いいえ、まだです」とも言える。「いいえ、まだ…ません」とすると「そのつもりはない」という意味に解釈され不適当となる場合がある（P542）。

　つまり、こういうことです。「もう朝ごはんを食べましたか」に対して否定の返事は三つあり、(6)は「不適当となる場合がある」と言っているわけです。
(5) まだ食べていません。
(6) まだ食べません。
(7) まだです。
(6)が不適当となるのは、質問が過去のことから現在までの幅でとらえて「もう〜た」と聞いているのに、「まだ食べません」は現在のことがらしか答えていないことと、もう一つには「食べません」と言い切っているので、敬意があまり感じられないことによるからでしょう。逆に言うと、(5)はなぜ敬意を感じるのでしょうか。それは次図のように話し手がそれをしたいけれども、何らかの理由で出来ないという気持ちを進行形の否定で表現しているからです。いわば、時間を「ある幅」でとらえているのに対し、(6)の言い方はまだ未完了の状態を「点的」に表現して「食べません」と言ってい

るから、受け手に冷たく感じられるのでしょう。「幅的」表現をするのは、相手に対して完了していないから、すまないという気持ちか、あるいは二度目に聞かれて最初の時点からを幅でとらえて、そう言うのだと思います。

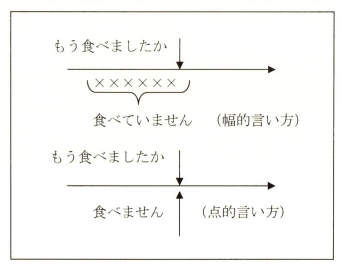

　状況によっては、(6)の言い方がかならずしも不適切だとは言い切れません。ある客が会議中だと言われて、もう一度出直して来て「もう会議は終わりましたか」と秘書にたずねました。そのときまだ会議が終わっていなければ、秘書は「会議はまだ終わりません」と事務的に言うでしょう。もし待たせてすまないという気持ちが働けば、「会議はまだ終わっていません」と言うかもしれません。
　また、動詞によっては『文型』の言うように「不適当」とならない状況もあります。
　次の例を見てください。ご主人の友人からの電話があったとき、三人の奥さんはそれぞれ三つの言い方で答えました。
(8) 友人からの電話：ご主人お帰りになりましたか。
　　奥さん1：いいえ、まだですの。
　　奥さん2：いいえ、まだ帰りませんわ。
　　奥さん3：いいえ、まだ帰っておりません。
　どの答えも不適当とはいえません。正しい答えになっています。
　では、奥さん1が言っている「まだです」という言い方はどういう使い方

なのでしょうか。私たちは子どものとき、鬼に「もういいかい？」と聞かれて、まだはやければ「まだだよ」、よければ「もういいよ」という返事をする「隠れん坊」という遊びをしました。この「まだだよ」を丁寧体にすると、「まだです」となります。「まだだよ」は、あることがら（ここでは隠れること）が未完了、つまり、まだ隠れていないことを言っているのです。そこで、『文型』1の例文のように「A：この本はもう読みましたか。B：いいえ、まだです」(P542)というやりとりも可能になってくるわけです。

　この使い方は、鬼が「もう隠れたの？」と完了あるいは終了を期待している質問に対して、未完了なら「まだだよ」と答えるわけです。したがって、このやりとりは**個人的な**ことを聞きたいとき、また、ことがらが比較的**短期間で終了しそうなとき**に使われるようです。ですから、つぎのようなやりとりはしっくりきません。

（9）父：いとこのよしお君は、卒業したかな。
　　　子：まだです。
(10) A：日本の経済はもう回復しましたか。
　　　B：まだです。

　最後に「まだです」は次の例文のように肯定表現ですが、内容は〈Aタイプ〉なので、注意がいります。

(11) A：もう食べましたか。
　　　B：いいえ、まだです→いいえ、まだ食べていません。
(12) A：ご主人、もうお帰りになりましたか。
　　　B：まだです→いいえ、まだ帰っていません。

　　注１：時枝誠記は東大を退官後、早稲田大学の文学部で講義をしたとき、「副詞の研究が残ってしまった」というようなことを言っていた。
　　注２：金田一春彦は「日本人は自動詞が好きだ」と理由はあげずにどこかで書いているが、このことを指していると思う。
　　注３：アガサ・クリスティー『スタイルズの怪事件』でポアロに（1937年、東福寺武訳、原文は旧仮名遣い）「いつも僕は何と言っている？どんな些細な事実でも、皆慎重に勘考せねばならないのだよ。一事実が組み立てた理論と合わないならば、いかにその事実が些細に思われることでも、理論の方を捨てなければならないのだ」と言わせている。
　　注４：『ことばの意味』3（平凡社、国広哲弥・柴田武・長島善郎・山田進・浅野百合子編）で、「ワザワザ」の解説者は「『ワザワザ（お知らせくださって）

ありがとうございました』という感謝の表現は、その行動に自分が値しないという意味で「必要以上の労力」と考えているのである」(P208) と自虐的な解釈をしているが、そうではなく、「傘を返しにきてくれた」場合とおなじように余計な労苦を自分にしてくれたから、感謝の意味になるのである。

9．組み合わせ

〇〜て・〜てから
　よく日本語教育でも問題になる「〜て」は、中学生の参考書『中学国語漢字とことば』（数研出版、以下『中学』、P116）に次のように出ています。

・確定の順接：うるさくて、集中できない。
・確定の逆接：わかっていて、実行しない。
・単純な接続を表す：直接会って、確かめる。
・独立を表す：頭がよくて、スポーツも得意だ。
・補助の関係を表す：大きなひまわりが咲いている。

　中学生の参考書にしては詳しすぎると思いますが、「確定の順接」と「確定の逆接」というまったく反対の解説をしておきながら、なぜかを説明しないで平気でいられるのは、形式主義者・機能主義者の常です。しかし、これをそのまま覚えなければならない子ども達がかわいそうです。まったく反対の解説をしてゆるされるのは、この分野ぐらいでしょうか。あるいは、どうして反対になるのか説明したくてもできないのかもしれません。
　では検証しましょう。まず「雨が降って〜」の後ろにいろいろな文をつけてみましょう。

雨が降って、試合が中止になった。　　→降ったので
雨が降って、1時間たちます。　　　　→降ってから
雨が降って、うれしい。　　　　　　　→（雨を待っていた）農家の人
雨が降って、寒い。　　　　　　　　　→そして

　上の例で文全体の意味が**変わって見える**のは、**組み合わせ**が変わったから、つまり後半の文が変わったからです。「雨が降って」そのものは変わりません。どうして違って感じるのか考えて見る必要があります。

たとえば、ここに赤い服と白い服がハンガーに架かっていたとします。この2着の服の色はそれぞれ変わりがありませんが、白いズボンと黒いズボンと組み合わせたり反対に組み合わせたりすると、見た目に変わったように見えます。そう見えるのは組み合わせが違ったからです。服とズボンとの組み合わせによる相乗効果によるものです。
　これは、上の例の「〜て〜」が後ろにくる文によって意味が異なったように感じることと同じです。違いがあるように思うのは、それぞれの文の組み合わせによる相乗効果によるものです。もちろん、すべての組み合わせが可能なわけではありません。当然、組み合わせがいいものと、わるいものとがあります。俗に言う相性が合う、合わないです。
　「〜て〜」は、単に前の文（語）と後ろの文（語）を結ぶだけです。そこにいろいろな意味があると思うのは、その**組み合わせ**によって生じたものです。ですから、「確定の順接」の例文で「うるさくて、集中できない」とあるのは、前の「うるさい」の後に「集中できない」が来ているので、読み手は「うるさいから集中できない」の意味、つまり「確定の順接」の意味にとるのです。「雨が降って1時間たちます」の例も後ろに「1時間たちます」の文が来ているから、時間の経過を表す意味になっています。他の例も同じです。
　一つの文に「〜て〜」を２回使った「〜て〜て〜」は悪文とされますが、なぜ2回使えるかと言うと、話し手が次図のように**観念的に動いて**、その都

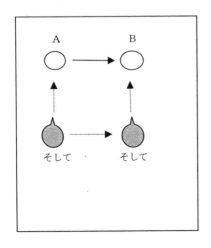
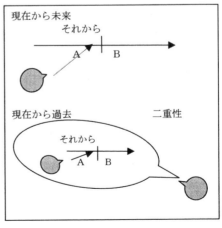

度ことがらをとらえたような形をとるからです。講演などでも講演者は「て」を多く使って説明して行きます。

　これに対し「〜てから」は、「それから」のように話し手が現在から未来ないし過去の立場にとんでから二つのことがらの時間の差に言及します。

　これを認識論的に図解しましょう。

　格助詞の「の」にも組み合わせから意味が生じたように取られることが起こります。

　またまた『文型』を引用しましょう。この辞書は「の」(P461) を次の五つに分類しています。

　　a　NのN（所属）　　b　NのN（性質）　　c　NのN（同格）　　d　N（＋助詞）の　　e　Nの…N

では「玄関に**私の絵**が飾ってあります」という文の「の」はどれにあてはまるのでしょうか。この文の「私の絵」は三つの解釈が可能です。しかも、その違いは文から出てきません。「の」は、もともと話し手が**名詞**と**判断したものと名詞とを結ぶ役割**しかしていないからです。

（1）私が買ったピカソの絵が飾ってある。→私が所有している絵
（2）私が子どものとき書いた絵が飾ってある。→私が書いた絵
（3）私を書いた、つまり、私の肖像画が飾ってある。→私が描かれた絵

　もちろん、文法書などで組み合せの結果生じた用法の違いを細かく説明することは大切ですが、その表現が最初からそういう意味を持っていると説明するのは正しくありません。基本をまず説明してからでないと、辞書を引く人を戸惑わせるだけです。

　何回も言いますが、色そのものは、赤なら赤、黒なら黒というようにその色自体の価値しか持っていません。けれども違った色同士を組み合わせると話は別です。画家やデザイナーだけではなく、あなた自身も出かけようとするとき、なにを着ていこうかと服の組み合わせを考えるはずです。しかし、色自体はまったく変わっていません。この色とこの色の組み合わせは、明るくなるけれども、この色だと暗くなるという違いがでてくるのと似ています。本来の意味ではありません。

　同じように「〜て〜」や「〜すると〜」（後述）、あとで説明する「ながら」など、日本語にはこういう使い方をするものがかなりあります。最初か

らいろいろな用法を持っているのではなく、組み合わせによって、結果的にいろいろな意味が生じたように受け取られるのです。

○〜てから・〜たあとで
　「〜てから」の例文から見てみましょう。最初は未来のことがらです。
（1）手を洗ってから食べましょう。
（2）先にこのスイッチを押してから次にこれを押します。
次に過去のことがらです。
（3）日本に来てから3年たちました。
（4）社長が帰ってから電話がありましたよ。
　図解しましょう。
　「AてからB」は話し手が未来のことがら（まだ起きていないこと）についてとりあげるときは、現在の立場で「Aの終了後Bする」と**連続してとらえます**（前章参照）。現在から過去をとりあげる場合は、過去の立場にとんで、同じようにとりあげます。

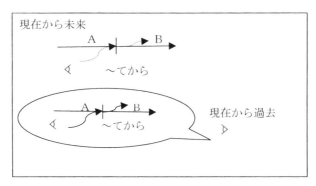

　一方、「あとで」は、話し手があることがらをとらえた**あと**、話し手のいるところにもどります〈ブーメラン〉。そして、次のBに言及していきます。例文をあげましょう。
（5）手を洗ったあとで食べましょう。
（6）はじめにこのボタンを押したあとで、次にこのボタンを押します。
（7）この商品はお買いになったあとでは、返品がききませんので、ご注意
　　ください。
（8）彼がなくなったあとで、隠していた財産が見つかった。

（9）社長が帰ったあとで、電話がありましたよ。
（10）辞書を使ったあとで、片付けてください。

この（10）の言い方は「辞書を使ったら、自分で片付けてください」の言い方に近くになります。

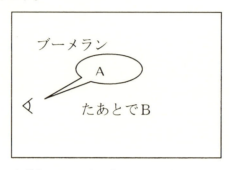

実は「あと」には「も・が・は・を・に・から・で・の・まで」などの助詞を接続させることにより、いろいろな表現を作ることができます。「パーティー」をテーマにして例文を作ってみます。

（11）パーティーが終わったあとも椅子に座って食べていた。
（12）パーティーが終わったあとが大変なんだよ。
（13）パーティーが終わったあとはただちにお引取りください。
（14）パーティーが終わったあとを見て。
（15）パーティーが終わったあとにゴミの山！
（16）パーティーが終わったあとに来ても何もないよ。
（17）パーティーが終わったあとから来ても何も残っていないよ。
（18）パーティーが終わったあとで話がある。
（19）パーティーが終わったあとの片付けが大変だ。
（20）パーティーが終わったあとまでそのことが気になってしかたがなかった。
（21）パーティーが終わったあと■部屋にもどった（■は認識しているけれども表現されていないという意味）。

（11）～（17）の例文は「パーティーが行われた場所」でのことがらをとりあげていて、話し手の認識はそこから**動いていません**。（18）～（20）の例文も同様に**観念的**にとらえていますが、「パーティーが行われた場所」から動いていません。ですから、「～たあとで」だけをこのグループから取り

出して、「～てから」と比べると、「～たあとで」の表現は、話し手が**移動せ**
ず、観念だけが移動してもどる（ブーメラン）ということを見逃してしまう
のです。「あと」はあくまでも「跡」なのです。空間表現から時間表現に転
用される場合も、もとの空間表現の意味をひきずっていることを忘れてはな
りません。(18)の例文でことがらが移動しているように感じるのは**自然の**
時間の推移だからです。つまり、あなたがこの文章を読んでいるあいだも時
間がすぎていく自然の時間の流れのことです。（注1）
　ただし、例文（21）や「彼は当社に来たあとでシンガポールに**出向しま**
した」のように後半の文に移動を表す表現が来た場合は別です。「外でメシを
食ったあとで、ベットで寝ながら本でも読もう」という文でも、「部屋にも
どって」が省略されていて、部屋への移動を表しています。
　一方、「～てから」の方は前に言ったように話し手が**意識的に時間の推移**
をとらえていることにより、積極的かつ連続的な意識で使います。ですから、
「日本に来てから3年になります」（時間的移動→進行）は言えるのに対して、
「～たあとで」は出発点にもどってしまい、時間の起点がはっきりしないか
ら、「日本に来たあとで3年になります」とは言えないのです。
　この移動・進行を表す「から」を使った「それから」もことがらを移動さ
せてとらえています。作文やスピーチなどで話を続けていくとき、よく使い
ます。話している相手に使えば「それからどうしたの？」というように相手
に話の続きをうながすことができます。これが単に二つのことがらを並べて
言う「そして」（2章参照）との違いであると同時に「～たあとで～」との
違いでもあります。

〇ながら

　さきほどの『中学』では「ながら」（P117、太字は原文）を接続助詞と接尾
語に分けています。

- ・知っていながら、知らないふりをする（接続助詞）確定の逆接を表す。
- ・じっくり考えながら、話をする（接続助詞）動作の並行を表す。
- ・子供ながら、感心な行いだ（接続助詞）。
- ・昔ながらの、風景だ（接尾語）。

第二部　日本語の分析

　さらに「わずか**ながら**ある」の文では「ながら」（P118）を副助詞にしています。「ながら」をこんなに切り刻んでは、イソップ童話に出てくる金のたまごを生むにわとりを殺した男のように「ながら」の本質的な意味を切り刻んで本質をわからなくしています。^(注2)

　「テレビを見**ながら**コーヒーを飲みます」という文は、「二つの行為の**同時進行**」を表しています。ところが、「妻子があり**ながら**、愛人をつくる」という文は「結婚して子どもいるのに、愛人を作った」という「逆接」の意味になっています。「この辞書は小型**ながら**便利だ」の文も「この辞書は小型なのに便利だ」という意味で使っています。

　なぜ「ながら」が「同時進行」と「逆接」の意味に使えるのか考えてみましょう。「ながら」は「AながらBする」という形で「A、B二つことがらが**同時に進行する**」のが基本の意味です。このAとBに「**両立してはいけないことがら、常識的には両立するのがむずかしいことがら**」を入れると、受け手は「逆接」の意味にとります。けれども、やっぱり二つのことがらは同時進行しているのです。時間帯を眼前の行為ではなく、広くとらえれば、その人が妻子と愛人を同時に持っていることがわかります。

　Aに名詞が来た「残念**ながら**帰らなければなりません」も同様に「残念という気持ち」と「帰らなければならないこと」が同時に対立して「残念だけれど」と言う意味にとられるわけです。念（気持ち）が残るなら帰らなければいいのです。「わずかながらある」の文も「わずか」と「ある」という一見矛盾したことがらが並行しているので、「逆接」の意味になっています。

　結局、これも組み合わせによるもので、文の形にどんな語が入るかで、「動作の並行」の意味になったり、「確定の逆接」の意味になったりするのですが、形式主義の人達は、語や表現の分析をするとき、認識論を欠いているため、せっかく金のたまごを生むにわとりをむざむざ殺してしまっているのです。あまりにも形式だけで見るので、その語や表現の本質的な意味は残念ながら切り刻まれて、意味がどこにあるかわからなくなってしまうのです。

　注1：三浦はこのことを「**過去から現への対象の変化は、現実そのものの動きです。これを言語は、話し手自身の観念的な動きによって表現します**」（『日本語は』P218）と言っている。

　注2：『表現の文法』の「ながら」の解説者は、「ナガラには本稿で問題にしている付帯状況の他に、いわゆる『逆接』を表わすとされる用法もあるが、ここで

は無視する」(P443) として、せっかく「ながら」を解く鍵をすててしまった。

10. どっちをいっても

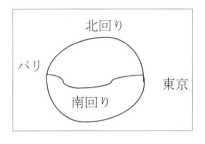

東京からパリに行くには、図のように北回りで行っても南回りで行っても時間は違いますが、同じようにパリに着きます。言語表現もどっちを言っても同じ内容になるものも少なくありません。(注1)

次の文はどっちを言っても同じような意味です。
（1）この工場はこの町で一番大きい。
（2）ここより大きい工場はこの町にはない。
次の二つの文も同じ時間を指しています。
（3）いま9時45分です。
（4）いま10時15分前です。（10時－15分＝9時45分）

（2）では（1）の肯定形を否定形で言っているし、（4）では**観念的に**（ブーメラン用法）10時を先取りして、そこから15分前と言っています。ですから、この言い方は、子どももある年齢にならないとわかりにくいのです。

「立入禁止」のことを英語で「keep off」と言いますが、図のように日本語では「入ること」そのものを禁止しているのに対し、英語では「離れた状態を保ちなさい」と言う意味になっています。どちらも内部に人を入れさせ

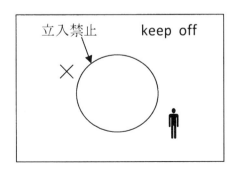

ない点では同じです。

○〜おきに・〜ごとに

まず、それぞれの例文から見てみましょう。
（1）並木は5メートルおきに植えられています。
（2）バスは5分おきに来ます。
（3）並木は5メートルごとに植えられています。
（4）バスは5分ごとに来ます。

この例文では、（1）と（3）が空間表現、（2）と（4）が「空間→時間」に転用されて使われていますが、ここでは「おきに」と「ごとに」の意味には違いがありません。ところが、次の例文では違ってきます。
（5）一日おきに風呂に入る。
（6）この植物は一日ごとに大きくなる。

この例文では一日おきは「隔日」の意味、一日ごとは「毎日」の意味になっています。なぜそうなるのか、それぞれの意味を調べてみる必要があります。

もともと「おきに」は「脇におく」「ほっておく」などと使われる動詞「おく」から来ています。下図のように等間隔の空間と時間をとってしまう意味です。

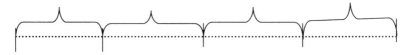

ですから、「一日おきに」というと丸一日をとってしまい「隔日」という意味になります。

一方、「ごと」は「りんごは皮ごと食べます」「どろぼうにカバンごと取られてしまった」と使うように、**ある対象全部を把握して使う言い方です**。下

図のように空間表現でも時間表現でも全体把握します。

ですから、「一日ごとに」には毎日の意味になります。いわば「おきに」はマイナスのとらえ方で、「ごとに」はプラスのとらえ方と言えます。

ここでゲームに付き合ってください。

「わたしは一日おきにお風呂に入ります」という文で、「一日＝24時間」だから、24時間に置き換えてみます。すると「わたしは24時間おきにお風呂に入ります」という文になり、結果的に「毎日お風呂に入る」という意味になってしまいます。なぜなのでしょうか。答えは簡単です。「おきに」の前の数量の単位が変わったからです。

図を見てください。

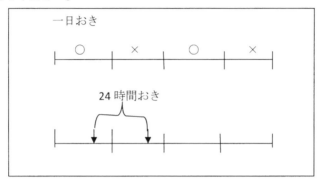

つまり、「おきに」は前に来た単位を全部とるから、「一日」だったら、そっくり一日をとります。「24時間」だったら、前の日の一部とその日の一部をとって両方で24時間にしているのです。

『文型』の「おきに」の解説者は説明の終わりに次のように書いています。

> 1という数の場合は、次の例のように「おきに」を「ごとに」変えると意味が変わる。(例) 1年おきに大会が開かれる。(2年に1回)(例) 1年ごとに大会が開かれる (1年に1回) (P55)。

上の説明ではなぜ意味が変わるか言っていません。なぜ意味が変わるかと言うと、さきほどのお風呂の例のように「おきに」は前に来た単位を全部とってしまうから、「1年おきに」は「隔年」の意味、「ごとに」は毎年の意味になるだけのことです。

したがって、「1年ごとに大会が開かれる (1年に1回)」は「12ヶ月おきに大会が開かれる」とすると「ごとに」と同じ意味になります。

○すら・さえ

『広』には次のように出ています。

　　すら：そうなるのが当然と思われる一事を例に挙げ、他のものもそうなることを類推させる意を表す。
　　さえ：②程度の軽いものをあげて、それ以上のものを推測させる。

ついで『文型』の説明。

　　すら：「さえ」の意味。一つの例をとりあげてそれでさえ（ママ）こうだということを述べ、その他はもちろんのことだという含みを持たせる（P154）。
　　さえ：普通なら当然だと思われていることがそうではないと述べ、その他のものはなおさらだという含みを伝えるのに用いる（P126）。

　あらら、「すら」は「さえ」と同じ意味にしてしまいました。『広』ですら（失礼！）「当然と思われる」と書いてあるのに。
　『文型』は文型辞書とうたっているのに、ここでは文型が整理されていません。「すら」で「１Ｎ（＋助詞）すら」（P154）としてあがっている五つの例文中「～ですら」が三つあります。それなら「Ｎ＋ですら」とした方がすっきりすると思います。他の助詞といっても「に」しか来ないし、例もあまりありません。
　また「さえ」の方も「Ｎ（＋助詞）さえ（も）」（P126）としている六つの例文中五つが「さえ～ない」と否定形で対応しています。それだったら、「Ｎ（＋助詞）さえ（も）ない」という項目としてあげるべきだと思います。専門家ですら整理できていないのです。
　ところで、類推・推測・含みの表現は「でも」でも表現できます。『文型』でも「でも」のところで三つの例文をあげて、次のように説明しています。

　　・この機械は操作が簡単で、子供でも使えます。
　　・この算数の問題は大人でもむずかしい。
　　・この森は、夏でもすずしい。

『XでもY』の形で普通Xだとは考えられない**極端な例**Xをあげて、それがYなのだから他のものは**なおさら**Yだということを表す（P277、太字は引用者）。

　もともと「も」には「一つあげて他もそうだ（類推）」という使い方があります。
（１）猿も木から落ちる。→高いレベルがそうだから→当然人も落ちる。
（２）ぶたもおだてりゃ木に登る。→低いレベル（木に登れないとされる）→だから当然他のものでも木に登るはずだ。
　ですから、この「も」と「で」を組み合わせた「でも」だけでも他のことを十分類推させる意味があります。
（３）そんなことは小学生でも知っている。→もちろん大人も知っている。
（４）洞窟の中は夏でもすずしかった。→もちろん冬でも寒い。
　実はいま引用した『文型』の「でも」の説明は「すら・さえ」の方にもあてはまるし、むしろこちらにした方がわかりやすいくらいです。
　本題の「すら・さえ」に入りましょう。最初に話し手が「AすらB・AさえB」の形でAに高い（重い）レベルのことがらをとりあげた例文をあげます。
（５）この弾丸は10メートルの壁すら打ち破ることができる→それより薄い壁ならもっと簡単に打ち破る。
（６）専門家すらだまされる。→しろうとはもっとだまされる。
（７）先生すらできなかった。→他の人ならもっとできない。
（８）本人（で）すらわからなかった→だから他の人はもっとわからない、わかるはずがない。
（９）先生（で）さえ知らなかった。→だから他の人は知らなくても当然。
（10）あの専門家（で）さえできないのだから。→普通の人はできなくてもかまわない。
　以上のことから、「AすらB・AさえB」は次図のようにAに高い（重い）レベルのことがらをとりあげると、受け手は後ろの文が肯定形でも否定形でもAより低い（軽い）レベルのBは当然そうだと思ってしまいます。(注1)
　今度は反対にAに**低い**（**軽い**）レベルのことがらがきた例文を見てみましょう。

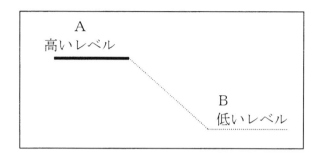

(11) 子どもですらできた。→でも、大人ができなかった（のは変だ）。
(12) 小学生さえ（も）できる。→でも、大人ができなかった（のは変だ）。
(13) 寒い冬に彼の部屋にはコタツすらなかった。→他のものはぜんぜんない。
(14) 箸を持つことすらできなくなった。→何も持つことができない。
(15) 箸を持つことさえできない。→何も持つことができない。

Aに下の図のように低いレベルのことがらがくると①後ろの文Bが肯定形のときは高いレベルの方がそうならないのはおかしい（例文11・12）②後ろの文Bが否定形のときは予想した最低のAのことがらが実現しないから、当然、もっと低い方Bは実現しないという意味になります（例文13〜15）。

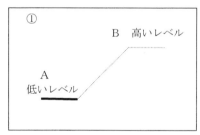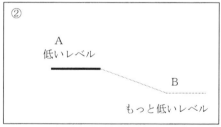

『広』や『文型』などで「類推」とか「含み」などと言っているのは、上の例文で表現されていない「→以降の文」のことを指しているのだと思います。

この他に「さえ」には低い方を先にあげ、次に重い方をとりあげる言い方もあります。

(15) いま雨が降っている。雷さえ（も）鳴り出した。
(16) （天気予報は大雨と言っていたが）雨が降るどころか太陽さえ（も）出

てきた→快晴
(17) あの人は家に**泊めた**だけではなく、帰りには金さえ（も）あたえた。
→泊めただけではなく
(18) 結婚**は母**だけでなく、**父さえも**反対している。（「母」の方を重くとれば反対になる）。
(19) プリンタだけでなく、本体のパソコンさえもぬすまれた。
この「AだけでなくB（重い方）」の使い方は「すら」にはないようです。

注１：この「少なくありません」の言い方も「多い」の否定形で、同じようだが、多少違う。「少なくない」は「少ない」という予想に反して、多いと言っている。
注２：英語で「He can't even read English, **much less** write it.（書くことすらできない）」と言う。

11. どうしたの？

○ので・から

　三浦は1975年に出した『文法』で「永野賢がとなえる『から・ので』の違いが主観的・客観的ではないこと(注1)」を見事に証明したのですが、あいかわらず世間ではいまだに永野説にしがみついていて、文法書・辞書もなおっていません。日本語教育も同様です。『表現の文法』でも次のような記述が見られます。

　　　しかし、永野以後の研究はつい最近のものでも永野論文から始めている次第で、これは永野論文が40年前に書かれた論文でありながら今なお有効なすぐれた記述であったことと、それに完全に取って代る（と思われる）論文が書かれていないことを物語っている（P506）。

　この編纂者は三浦をまったく無視していると同時に「永野論文」の誤りを見抜けなかったことと本人自身が不勉強であることをよく物語っています。先の記述に続けて「よって本稿でのノデとカラの違いについての最終的な結

論は述べない」と、結論が出せずに恥の上塗りをしてしまいました。
　『日本語の類義表現辞典』（森田良行著、東京堂出版、以下『類義』）の著者も「『ので』は『の＋で』、つまり述べてきた事柄を『の』によって**話し手の外にある一つの客観的・事実として受け止め**、それに"そうあってほしい""そこで"の意が添い加わったものである」(P290)と、せっかく「の＋で」に分けているのに、結果的には「ので」を客観的表現にしてしまいました。ほとんどの学者は永野の「主観・客観」説の呪縛（じゅばく）から逃れ（のが）られないでいます。
　しかし、形式主義・機能主義に立っている限り、40年はおろか100年たっても、解けないでしょう。三浦が言うように「だから認識論的に両者のちがいを明らかにしないと、外国人どころか日本人に対しても説得的な使いかたの説明はできない」のです。日本語教師は日本人ではなく外国人に説得的な使いかたの説明をしなければならないわけですが、その前に自分が納得しなければ話になりません。
　言語の分析は、形と内容（意味）の両面から見る必要があります。ここでもそうしましょう。「ので」は形式名詞の「の」と助動詞「だ」の連用形「で」の組み合わせと見るべきだから、まず、形式名詞の「の」の使い方を調べてみます。
　三浦はこの形式名詞の「の」を『文法』第三章「日本語の〈形式名詞〉「の」のその使い方」でとりあげています。「青いのは、すっぱく、赤いのはあまい。(e)」と「私が干渉したのは、よくなかった。(f)」という二つの例文をあげ、形式名詞の「の」の使い方は二種類あると書いています（『文法』P79）。つまり、「青いのは」の「の」は「青いりんご」という実体（名詞）をもう一度とらえなおした**実体概念**で、対象が存在しています。一方、「私が干渉したのは」の「の」は、私が干渉した行為（属性）をもう一度**実体概念**としてとらえなおして「の」と表現していますが、「りんご」と違ってその対象が現実に存在しているわけではありません。そして、三浦は「この二つの『の』を区別しなければならない」と主張しています。
　そうすると、この形式名詞の「の」を使った「のに・のも・のは・のを・ので」などの言い方にも二種類あることになります。ここでは三浦が言うe系を〈Aタイプ〉、f系を〈Bタイプ〉として考察して行きましょう。
　(1) のに：〈Aタイプ〉(かばん屋) このかばんは図体は大きいのにとても

　　　　　　軽い。
　　　　　　〈Bタイプ〉何度も注意したのに聞かなかった。
（2）のも：〈Aタイプ〉大きいのも小さいのも千円です。
　　　　　　〈Bタイプ〉事件がここまで大きくなったのも私のせいです。
（3）のは：〈Aタイプ〉（かばん屋）大きいのは一万円で、小さいのは五千円です。
　　　　　　〈Bタイプ〉失敗したのは、仕方がありません。
（4）のを：〈Aタイプ〉大きいのをとろうとしたら、先にとられてしまった。
　　　　　　〈Bタイプ〉彼が言い出したのをさえぎって私が言った。
（5）ので：〈Aタイプ〉私のかばんは大きいので、彼女のは小さいのです。
　　　　　　〈Bタイプ〉今度の問題は大きいので、関係者は頭をかかえている。

　つまり、〈Aタイプ〉は、話し手が対象の属性を実体概念としてとらえなおし、〈Bタイプ〉は行為や事態を実体概念としてとらえなおして表現しています。（1）から（4）までは「の＋助詞」の組み合わせです。〈Bタイプ〉は〈Aタイプ〉と比べて、話し手の感情を強く表しています。

　よく例に出される「雨が降るから行きません」と「雨が降るので行きません」の例文は、「雨が降る」「行きません」自体は同じことがらです。しかし、そこに違いが生じるのは話し手が異なったとらえ方をして、使い分けているからです。

　20世紀の代表的な抽象画家の一人アンリ・マティスは、ある日「あなたはりんごを食べるときも、あのように抽象的に見ているのですか」という新聞記者の質問に答えて、「いや、りんごを食べるときは普通の果物としてみて、食べますよ」と答えたといいます。この逸話は、同じ対象でもとらえ方が異なることを教えてくれています。

　もちろん、言語と絵画は違いますが、自分が認識したものを表現することには変わりありません。「は」と「が」の違いがわからないのも同様です。いくら「これは本です」「これが本です」を比べても、ことがらが同じだから、違いはわかりません。とりあげ方が違うことに思いがいかないのです。これも三浦が『日本語は』の初版（1976年）で明快に解いているのに、学会では、いまだにああだこうだの諸説紛々です。

「ので」「から」が解けないのも、ことがらは同じで、とりあげ方が違うところに目がいかないからです。

「から」は話し手の視点がことがらを**因果関係**ととらえたところから**動かず**、前件から後件へ一気呵成に結論まで持っていきます。息継ぎをしません。このことから、「せっかくだから・おねがいだから・ごしょうだから・いいからいいから・いい子だから」などのように他の語とも結合が強い言い方が作られました。(注2)

一方、「ので」は、話し手が前件を一度自分の問題としてとらえなおし（形式名詞「の」を使うこと）、次に「で」で「中締め」をし、後ろの文を説明として付け加えます。こうした観念的な動きこそ、6章で見たブーメラン用法なのです。話し手は、とりあげたことがらを自分の方にもどす（とらえなおす）のです。(注3)

図式化すると、「から」は「送り手（話し手・書き手）　→　から　→　受け手（聞き手・読み手）」というように相手にボール（言いたいこと）を投げます。ですから、ボールを手元にもどす必要のない家族関係では、両親は子どもに「から」を使って話します。その結果、日本の子どもは「から」から言い始めます。(注4)

「ので」は「送り手　←　ので　→　受け手」というように一度ボールを手元にもどし、老人バッグいや、ロージンバッグを塗りつけて相手にわたします。関心が持続するなら、相手にボールをわたさないで、持っています。

「のだから」は「送り手　⇐のだ　から　→　受け手」というようにことが

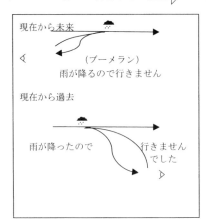

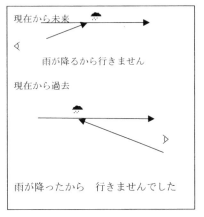

らを一度自分の問題にして（ブーメラン）から、「から」を使って、**自分が納得したことがらを相手にも納得させよう**とします。ボールは剛速球です。
　（6）ここまで教えた**のだから**、あとは自分でやりなさい。
　（7）わたしがはっきり言わなかった**のですから**、わたしのせいです。
　認識論的に図解しましょう。
　文末の使い方の方も見てみましょう。そうすると、「〜からだ・〜からです」と「〜のだ・〜のです」を使った例文からも「から」と「ので」の違いがわかります。
　（8）A：なぜビールをそんなに買いましたか。
　　　　B：今晩パーティーがある**からです**。
　（9）A：なぜビールをそんなに買いましたか。
　　　　B：今晩パーティーがある**から**……。
　(10) この問題が発生したのは行政がわるい**からです**。
　(11) A：どうしたのですか。青い顔をして。
　　　　B：おなかが痛い**のです**。
　(12) A：きょういいネクタイしていますね。
　　　　B：きのう家内に買ってもらった**んです**。
　(13) A：並んでください！
　　　　B：わたしの方がはやく来た**んですよ**。
　(14) この問題は行政の責任**なんです**！
　（8）では話し手がことがらの理由を断定の助動詞「です」を接続させて述べています。（9）の「言いさし」ではボールを落としただけだから、弱い感じを受けます。
　「のです」は「送り手 ←── ので」という図式のように、送り手はことがらを**自分のものとして**持っています。形式名詞「の」を使った文末表現「のです・のであった・のである」は、すべて自分でボールを持ったままで、送り手は、自説の主張・展開・説明をしていきます。ある場合は**いなおり**になります。(注5)
　(12) では、Bはその場の緊張（Aにほめられた）を**とこう**として、新しいネクタイをしている説明をしています。しかし、もしAが「きょうなぜいいネクタイをしていますか」と聞いたら、失礼な言い方になって、返事はしないでしょう。

「文末」の「のだ」は「(どうした)のですか」は「(どうした)の■」となったり、音声変化して「(どうした)んだ」になったりします。

〇こと・の

同じ形式名詞「こと」と「の」にも違いがあります。前章の「の」の例文のBタイプだけもう一度引用してみます。
（1）のに：何度も注意したのに聞かなかった。
（2）のも：事件がここまで大きくなったのも私のせいです。
（3）のは：失敗したのは、仕方がありません。
（4）のを：彼が言い出したのをさえぎって私が言った。
（5）ので：問題が大きいので、関係者も困っている。

今度は「こと＋助詞・助動詞」の例文を「注意する」を使って作ってみましょう。
（6）ことに：彼はたびたび注意したことに腹を立てて部屋を出て行った。
（7）ことも：彼に注意したこともないし、叱ったこともないよ。
（8）ことは：彼に注意したことは悪いと思っていません。
（9）ことを：たびたび注意したことを根に持って会社に放火したんだ。
（10）ことで：あいつはたびたび注意したことで気を悪くしたんだ。

両者の違いにふれる前に他の例文も見てみましょう。
「あなたは首相がアメリカに行くことを知っていますか」という文は「あなたは首相がアメリカに行くのを知っていますか」とも言えますが、「いまどんなことを考えていますか」の場合は「こと」しか使えません。この例文を入子型（箱の中にまた小さな箱が入っているようなもの）で図解しましょう。

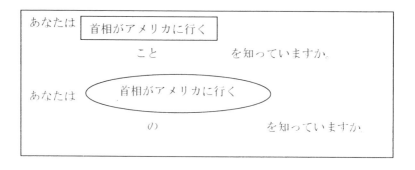

これを見る限りではあまり違いがないようですが、次の例文を見てください。
(11) 車を押す**の**を手伝ってください。
(12) 私は彼が部屋に入る**の**を見た。
(13) 私は彼女が歌を歌っている**の**を聞く。
以上の例文は「こと」に置き換えることができません。

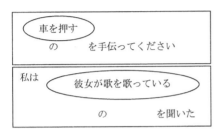

(11)では話し手は「車を押す」という行為をもう一度「の」でとらえなおして表現し、(12)は彼が部屋に入るところを見て、その行為をもう一度「の」でとらえなおしています。(13)も彼女が歌っているところを聞いて、その行為をもう一度「の」でとらえなおして表現しているわけです。

このことから、「の」はことがらの属性を**動的**（流動的）にとらえ、それを「の」で実体概念として表現していることがわかります。一方、「こと」は、ことがらの属性をより**抽象的**にとらえ実体概念として表現しています。

したがって、例文(11)～(13)のように後ろに「～てください」「見る・見える」「聞く・聞こえる」などが来ると、「こと」が使えず、「考える」が来ると、「の」が使えないのです。この章の冒頭にあげた「の」の例文と「こと」の例文をもう一度見てください。この違いが納得できると思います。

『文型』では、助詞の「の」と形式名詞の「の」と区別できず、ごちゃまぜにして説明しています。

たとえば「の₁」の1「NのN（助詞）」（P461～P462）のあとにつづいて、2「…の」の「b…の」に「これはちょっと小さすぎますよ。もっと大きいのはないですか」のように形式名詞の「の」の例文を同じところに入れてしまっています。

ですから「こと」と「の」の違いを説明することもありません。「見える」のところで「～のがみえる・～ているのがみえる」（P555）と羅列してある

だけで特に説明もありません。これはちゃんと文型的には「〜のを見る・〜のが見える・〜ているのを見る・〜ているのが見える」と独立させて、説明してほしいところです。同様に「〜のを聞く・〜のが聞こえる」も登録したいところですが、『文型』ではもともと「聞こえる」そのものをとりあげていないのです。

○のに
　『文型』では「のに」を「のに₁」と「のに₂」の二つに分けて説明しています。「のに₁」は、「節を受け、『XのにY』の形でXから**当然予想される結果とはならず、それとは食い違った結果Yになることを表す**」（P472〜P474）と解説しています。そして、文中と文末とに分け、文中をさらに次の三つに分けて例文をあげています。

　　a 〈逆原因〉
　・5月なのに真夏のように暑い。
　・家が近いのによく遅刻する。
　　（以下例文略）
　　b 〈対比〉
　・昨日はいい天気だったのに今日は雨だ。
　・お兄さんはよく勉強するのに弟は授業をよくサボる。
　　（以下例文略）
　　c 〈予想外〉
　・合格すると思っていたのに、不合格だった。
　・今晩中に電話するつもりだったのに、うっかり忘れていましった。
　　（以下例文略）

　〈逆原因〉、こんなことばあるのでしょうか。『広』にも出ていません。まあ、それはともかく、この「5月なのに真夏のように暑い」という例文は「5月だ**けれども**、真夏のように暑い」とも言えるので、両者の違いを説明しなければならないし、〈対比〉の例文「お兄さんはよく勉強するのに弟は授業をよくサボる」も同様に「お兄さんはよく勉強する**けれども**、弟は授業をよくサボる」の文との違いを説明しなければなりません。

一方、「のに₂」は「動詞の辞書形を受けて、目的を表す」(P474) という説明と、次のような例文があがっています。

・この道具はパイプを切るのに使います。
・この暖房は冬を快適に過ごすのに不可欠です。

もともと「のに」は「ので」の「の」と同じ形式名詞「の」に「添加」の意味の「に」を文字通り添加してできたものです。たとえば、「月にむら雲・花に風」という表現は、お互いに相反する語を組み合わせて、対句にしています。結果的にそれぞれ「せっかくいい月がでているのにそれをむら雲がおおってしまう」「さくらが咲いてきれいなのに強い風が吹いて散らしてしまう」という意味になっています。

同じ添加の助詞「に」を使った「おせんにキャラメル・あんぱんにラムネ」の方は、お互いに類似のものを組み合わせることによって、それぞれ相性がいい（？）ことを示しています。同じ添加の表現でも「月にむら雲」と「おせんにキャラメル」とでは、組み合わせによって異なった意味が生じたように感じてしまうのですが、「に」そのものには変わりはありません。言語分析の際には常にそのことを頭に置いておかなければなりません（「組み合わせ」の章参照）。

ここで「作るのに」を使って文を作ってみましょう。
（1）普通の鳥は巣を作るのにホトトギスは巣を作らない。
（2）奥さんはたくさんおいしいものを作るのにご主人はあまり食べない。
（3）毎年この畑でそばを作るのにことしは台風で収穫できない。
（4）この木は家具を作るのに適している。
（5）この畑の土壌はそばを作るのにいい。

例文の（1）〜（3）は「月にむら雲・花に風」と同じような使い方をしています。つまり、相反する表現を組み合わせることにより、逆接の意味が生じ、話し手の感情（おどろき・不満・意外感など）を表現します。これが『文型』が言っている「のに₁」です。

これに対して（4）（5）は「おせんにキャラメル・あんぱんにラムネ」と同じような使い方で、後ろに「いい・適している・ふさわしい」などの語が来ることにより、「AにはBがあっている・ふさわしい」という意味になっ

ています。これが『文型』が言っている「のに2」です。

「のに」を前後の文の組み合わせによって生じた意味によって分けると、『文型』のように「のに1」「のに2」の二つの項目になりますが、もとは同じ「のに」です。

文末の「のに」も「文末に用いて、予想した結果とは食い違った結果になって残念だという気持ちを表す」（P474）という説明のあとに、次のような例文がのせてあります。

・スピードを出すから事故を起したんだ。ゆっくり走れと言っておいたのに。
・絶対来るとあんなに固く約束したのに。

この「のに」は文末に使うときは倒置文か言いさしです。言いさしの場合は「のに■」となっています。

○〜ものの

たしかに『文型』は文型と銘打っているだけあって従来国語辞典で軽視されてきたいろいろな表現を扱っていて便利です。さっそく「〜ものの」を引いてみましょう。

・輸入果物は、高いもののめずらしく、人気があってよく売れている。
・新しい登山靴を買ったものの、忙しくてまだ一度も山へ行っていない。
・今日中にこの仕事をやりますと言ったものの、とてもできそうもない。

上の例文をあげたあとに「過去の出来事や現在の状況を述べて、『だがしかし…』と文を続けるのに用いる。後ろには、前に述べたことから**普通に予測されることが起こらない、起こりそうにないという表現が続く**」（P599、太字は引用者）という説明があります。

「日曜日だけれども、会社に行かなければなりせん」という言い方も、「日曜日は会社に行かない」という普通の慣例に反して会社に行くわけだから、「ものの」の説明と同じです。「スイッチを入れたけれども、動かなかった」の文も、本人はつくと思ってスイッチを入れたのだから、「ものの」の説明

と同じことです。

『文型』では他の逆接の表現「のに・が・くせに」などがみんな似たりよったりの説明になっていますが、辞典ならそれぞれの違いを明確に説明しなければなりません。

まず、「ものの」の前に**プラス**のことがらが来る文を作ってみましょう。
（1）彼は25歳で会社を設立したものの、1年で倒産(とうさん)させてしまった。
（2）高価なカメラを買ったものの、全然使っていない。
（3）学生時代にロシア語をやったものの、むずかしくてやめてしまった。
（4）（サッカーの試合）前半1点入れたものの、後半逆転されて2—1で負けた。

（1）では、せっかく会社を設立したにもかかわらず、倒産させてしまったのです。つまり、継続できなかったという意味。（2）では、わざわざ高いカメラを買ったのに、まったく使っていない、つまり、買ったときの気持ちが続いていないという意味。（3）では、ロシア語に挑戦したけれども、途中で挫折したという意味。（4）では、前半は勝っていたのに、それを守りきれずに逆転されて負けたという意味になっています。

こんどは、「ものの」の前に**マイナス**のことがらが来る文を作ってみましょう。
（5）外はまだ寒いものの、木のはもうつぼみがではじめている。
（6）あの画家は事故で右手を失ったものの、左手で絵を完成させた。
（7）（サッカーの試合）後半1点取られたものの、前半の2点を守って勝った。

（5）では、まだ寒いのに、つぼみがではじめている、つまり、寒さにめげないでがんばっているという意味。（6）では、画家は右手を失ったことを克服して左手で完成させた、つまり、右手をなくしても絵を描くことをやめないでという意味。（7）では、後半1点とられたけれども、試合は勝ったという意味になっています。

（1）～（4）までの使い方と（5）～（7）までの使い方とは何か共通点があるのでしょうか。ある表現が現象的に異なったように見えても、両方の使い方ができるのは、認識が共通しているからだということはすでに見てきたとおりです。

「～ものの」の意味は、前のことがらが①**プラス**なら「**それが続かない、**

駄目になってしまい残念だ」(例文1〜4) ②マイナスのことなら反対に「そのマイナスのことがあっても、できる（つづける）、よくがんばった」(例文5〜7) ということです。したがって、共通の意味は図のように「AがBに**最後まで**強い影響を与えない」ということです。プラスならそのいいことが最後まで続かないし、マイナスならそれも最後まで続かないという意味になります。

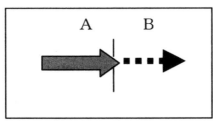

　形式主義に立つ人は、ある表現を形や接続（機能）で分析しがちで、異なったようにみえる使い方が実は奥深いところで共通の意味を持っていることには思いが至りません。
　まだ納得できない人は7章の「といっても」というところをもう一度見てください。

〇も・ても
　「も」という助詞は、もともと「これは本です。これも本はです」ように話し手が「二つ以上の対象が同じか同じグールプ（同類）である」と判断したときに使われます。ところが、最近インターネットで「一点失うも、勝利」などという見出しをよくみます。なぜ「同類」の「も」が逆説のような使い方をしているのでしょうか。
　それを説明する前に「ても」の方を先に調べてみましょう。
　『現』の助詞・助動詞解説で「ても」の（2）には「『雨が降っても試合は行う』のような仮定条件にも、『種をまいても芽が出ない』のような既定条件にも使われる」とあります。これまた相反する説明をしながら、その理由にはふれないというのが形式主義者の常識になっているようです。
　『文型』の「ても」の解説も「Xが成り立てばYが成り立つという『XならばY』の順接的な条件関係を否定する逆説条件を表す」(P272) と相変わらずわかったようなわからないような表面的な解説です。日本語を教えると

き、「順接的な条件関係を否定する逆説条件」という説明で外国人学習者にどうやってわからせることができるのでしょうか。

「ても」の意味は「普通はAすればBする（なる）けれども、なにか**特別な理由で**、**例外的に**Bする（できない）」が基本的な使い方です。例文をあげます。

（１）知っていても教えない←普通は（いつもは）教えるけれどもきょうは試験だから
（２）子どもが行っても入れない←お金を払えば入れるけれどもその映画は大人の映画だから
（３）この注射は痛くてもしなればならない←アフリカに行くから
（４）日曜日でも会社に行く←社長命令だから

つまり、普通はAすればBという結果になりますが、特別な理由があるとき、「AしてもBする（できない）」という意味で使うのです。なぜ「も」が使われているかと言うと、「普通はAすればBするけれども、なにかの理由でAはBに影響をあたえない（Bの状態は同じ）。だから事態は変わらない」からです。ですから「一点失うも、勝利」の文で「も」が使われているのは、「一点失なっても、勝った」つまり、AのことがらがBに影響しなかったから、「けれども」のような意味になるのです。

普通は「春が来ると花が咲き、鳥は歌う」のですが、レイチェル・カーソンは『沈黙の春』(注6)という本の中で「アメリカでは、春がきても自然は黙りこくっている」と書いています。これを見ても「〜ても」が「ば」とか「と」などの反対の状況で使うことがわかります。

この「ても」を2回使うと「右の道を行っても左の道を行ってもどっちの道を行っても同じです」（①）という文になり、「いくら」という語を使うと「いくら洗っても落ちない」（②）という表現になります。つまり「ても」を1回使っても2回使っても本質は変わらないということです。ですから、マクベス夫人は「洗っても洗ってもいくら洗っても血のにおいがする」と嘆くわけです。(注7)

注１：永野賢は「ば」と「と」の分析にあたっても「『ば』―条件としての主観性が強く、後件に主観性の強い表現を導く力がある。『と』―条件として客観性が強く、主観性の強い後件とは呼応しにくい」（『新・日本語講座』汐文社、

P152）と相変わらず「主観性」と「客観性」だけで解こうとしている。
注2：起点を表す「から」から「ここから・このことから」のように理由の使い方が派生したと思われる。
注3：三浦はこうしたことを「風呂敷型統一形式」（『日本語は』P112）と言っている。ただし、時枝の「風呂敷型統一形式」とは内容が異なっている（『日本語は』P84）。
注4：児童言語研究者、大久保愛ら。
注5：中締めの「で」と他の形式名詞の複合表現は、「説明・言い訳・原因・理由」などについて述べるが、すぐ結論をださないで、ぐずぐずしている。つまり、自分でボールを持っているわけである。
　(1)首相がその問題について発言をしたことで、国会は大騒ぎになった。
　(2)借金を10年かけて返済することで、相手の了承をとりつけた。
　(3)警官：あの信号を見なかったのかい？　運転手：それが、暗かったもんで、つい見落としてしまったんです。
　(4)最初友達が外国に行っているあいだだけ家の管理を頼まれたけれども、帰ってこないので、ずっとこの家に住んでいるわけで、出ろと言われても、すぐには……。
注6：青葉築一訳
注7：ベトナム語でも、Troi（雨が）mua（降る）cung（も）di（行く）→「雨が降っても行く」という言い方をする。

12. 夏が来れば

　この章では言語学者・日本語教師の最大の難関になっている仮定法・条件法の「と・ば・たら・なら」を認識論の立場から考察して行きましょう。三浦は『日本語は』「助動詞」のところで具体的な例はあげていませんが、次のように言っています。

　　観念的に二重化し、あるいは二重化した世界がさらに二重化するといった入子型（いれこ）の世界の中を、われわれは観念的な自己分裂によって分裂した自分になり、現実の自分は動かなくてもあちらこちらに行ったり帰ったりしているのです（P206）。

　『表現の文法』でも「と・ば・たら」をとりあげてはいますが、結局は「条件接続辞の使い分けにおいては、まず、統語的基準が重要である。（中

略）その上で前件と後件の時間的前後関係という意味的な点が問題になる。こうした点を十分に整理した上で、各形式が表わす独自の意味（特にナラ）を取り出すことが必要だろう」(P494)と「と・ば・たら・なら」の違いをはっきりと説明できずに、他の人に下駄をあずけてしまいました。これは認識論的に検討しようとしないからで、まさにレーニンではないけれども、熱いかゆの釜のまわりを回っているネコのようなものです。

　認識論を欠いたら日本語の分析が満足にできないことはすでに見てきたとおりですが、特にこの仮定法・条件法では形式主義・機能主義では分析できないと断言してもいいです。

○ば・と
　では、最初に「ば」と「と」を見てみましょう。
　　「ば」しか教えていない日本語学習者に最寄りの駅から自分の家までの説明をさせてみます。そうすると、自分の家にたどり着く前に途中で止まってしまいます。

　　「○○駅で降りて南口に出てください。南口を**出れば**、駅前に大きなロータリーがあります。そのロータリーを左側の方に行ってください。左の方に**行けば**、○○銀行があります。その横の路地を通って**行けば**、100メートル先にスーパーがあります」

　どうしても受け手の認識（追体験）が先に行かないで、もとのところにもどろうとするのです。ところが、これを「と」置き換えると、動き出すことがわかります。

　　「○○駅で降りて南口に出てください。南口を出ると、駅前に大きなロータリーがあります。そのロータリーを左側の方に行ってください。左の方に行くと、○○銀行があります。その横の路地を通って行くと、100メートル先にスーパーが見えてきます」

　このことからわかるように「ば」は**選択をよぎなくされた出発点**から「AをすればB」というように考えをすすめ、また次図のように最初の認識した

立場、つまり出発点（基点）にもどってきます（ブーメラン）。そして、さらに「CをすればD」という操作を繰り返すのです。ですから「ば」は「仮定」というより「二つのどちらかを選択する」表現と言った方がいいかもしれません。

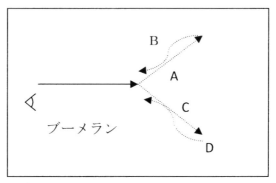

では、「と」に変えると、なぜ**動き**がでるのでしょうか。これが「ば」と「と」を解くカギです。

映画やテレビドラマなどで主人公が車で敵を追いかけたり追いかけられたりするシーンがあります。これはもちろん、撮影しているカメラが主人公の動きにあわせて**動きながら**撮影しているからです。もし、カメラが静止していたら、主人公はどんどん画面から遠ざかって行くでしょう。

こういう撮影方法を**移動撮影**と言うそうですが、「と」は映画の移動撮影にあたると言ってもいいです。話し手の観念があたかも移動するカメラのように移動しているからです。受け手は追体験としてそれをたどって行くことができます。もちろん、その移動は話し手が実際に移動する場合と、観念的に移動する場合があります。しかしながら、AがBに到達したら、そこで一応移動は終わりです。移動撮影のようにどんどん先に行くことはありません。もっと、移動したければ、「CするとD」と新たな場面に移行していきますが、「ば」のように分岐点にはもどりません。

分岐点にもどるか、移動するかが「と」と「ば」の大きな違いです。「と」はもどらず、受け手も話し手の**観念的移行に付き合わされる**のです。このことから道案内をするとき「ば」を使うと、先に進まず出発点にもどってしまうのに対して、「と」を使うと、どんどん先に進むことができるのです。

この「と」を過去の文脈で使った有名な文「国境の長いトンネルを抜ける

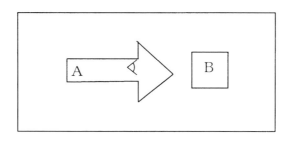

と雪国であった」(川端康成『雪国』の冒頭)があります。読み手は作者に導かれて空風の上州の方から清水トンネルを通って雪国である越後に**観念的に移動**させられているのです。これが『雪国』の冒頭文の魅力なのです。

サイデンステッカーは1957年にこの川端康成の『雪国』を英語に翻訳しましたが、それは「The train came out of the long tunnel into the snow country.」(下線は引用者)となっていて、この移動の「と」が訳されていません。最初から雪国にいる視点になっています。

サイデンステッカーだけでなく、『文型』の解説者も「トンネルを出ると、そこは銀世界だった」(P290)という例文をあげながら、ことがらが起きる〈契機〉に分類していて、この「と」の**観念的な移動**と発見の意味に気づかなかったようです。

この「～と～た(過去形)」は**観念的移動**から「発見・発生」の意味に派生していきます。

(1) 家に帰ると、両親が来ていた。(移動→発見)
(2) 交差点を右にまがると、公園があった。(移動→発見)
(3) (浦島太郎) ふたをあけると、中から煙がでてきた。(行動→発生)

『文型』も「と」のところで「前の出来事を契機にして後の出来事が成立するという関係を表す」(P287)と、わけのわからない説明をしています。また、4の「…と…た〈確定条件〉」のところでは次のような説明をしています(P290)。

> 後続のことがらが(省略)話し手が**外から観察できる**ようなことがらでなければならない。次の例は、話し手の**身体的な感覚**を表しており、こうした関係を表さないので「と」は使えず、代わりに「たら」を使わなければならない。

誤　昨夜この薬を飲むと、よく効いた。
正　昨夜この薬を飲んだら、よく効いた。

　つまり、後続の「効く」という動詞が**外から観察できるようなことがら**ではないから「誤」というわけです。「アリスがテーブルの上にあった薬を飲むとアリスの身体はどんどん**大きくなっていきました**」ならいいわけです。しかし、「話し手が**外から観察できるようなことがら**」というのは何のことでしょうか。『文型』が同ページであげている「夜になると急に冷え込んできた」という例文では「冷え込んできた」のは外から観察できるようなことがらではありません。話し手の皮膚感覚でとらえたことを表現しています。ぶるぶる振るえていれば外から観察できるようなことがらだと言うのでしょうか。これはこの解説がトンチンカンだからです。

　「AするとBた」という表現は、話し手自身か話し手の観念が**移動・進行**するとき使います。したがって、後ろのBにも**変化あるいは変化した結果**を表す言い方が来なければなりません。事実『文型』があげている九つの例文中「～ていた・～てきた」が五つ、「～なった」が二つです。あとの二つは「あった・だった」ですが、それは移動・変化した結果そうなったという意味です。ですから、例文は全部後続のことがらが**移動・進行・変化**を表していることがわかります。せっかく例文をあげながら、「～と～た」の使い方が十分読み取れなかったのですね。さきほど「誤」とされた例文は「ウィスキーを三杯飲むと、さすがに**効いてきた**」とすると、誤りではなくなります。

　さて、「と」には過去の文脈だけではなく、「～すると～する」と後ろに現在形が来る使い方もあります。両者の因果関係を調べてみましょう。

　たとえば、ある日あなたが家を出ようとすると、電話がかかってきました。それが毎日続きました。そうすると、あなたは「私が家を出ようとすると、（かならず）電話がかかってくる」という一種の**習慣・法則・ルール**みたいなものをつくるかもしれません。これが現在形が後ろに来た「～と～ます（～る）」の使い方です。つまり、同じことが何回も繰り返すことで、私たちは私たちなりに、ある結論を出すのです。「私が家を出ようとすると、（かならず）電話がかかってくる」という結論です。

　このことから、「Aするといつも（必ず）Bする」といういわゆる「**因果関係**」の使い方が発生したと思われます。「春になると、桜が咲く」という

ことを私たちは経験的に知って言っているから、そう言います。
（4）このスイッチを押すと、電気がつく。
（5）子どもは6歳になると、小学校に行かなければならない。
（6）コーヒーをたくさん飲むと、寝られない。
（7）風が吹くと、桶屋が儲かる。
（8）（動物園）日曜日だとこむから、平日行こう。
（9）動くと、打つぞ！

　以上の例文でも、話し手が以前から持っている**知識・常識**で判断して「Aするといつも（必ず）Bする」と表現しています。（8）の例文は日曜日動物園がこむことを知っているから、平日行こうと言っています。また、（9）は「動くと、銀行強盗はピストルを発射する」ことをお互いに知っているから、それがおどしにつながるのです。

　有名な江間章子の歌詞「夏が来れば思い出す」は「ば」ですが、「と」に変えて「夏が来ると思い出す」にすると、しつっこく感じるのは「と」の習慣化・ルール化のせいだと思われます。

　そういえば、なぜことわざに「ば」が多いのか、一考の価値はありそうですね。
・犬が歩けば棒にあたる（裏：歩かなければ当たらない）
・楽あれば苦あり　苦あれば楽あり
・先んずれば人を制す（裏：はやくしなければ、負けるよ）
・窮すれば通ず
・始めよければ終わりよし

○ば・たら

　国語教育では助詞の「ば」と助動詞「たり」の仮定形とされる「たら」とをあまり比較して扱いませんが、日本語教育ではこの二つはいわゆる「仮定表現」とか「条件表現」などと言われて、その違いがよく問題になるし、違いがわかりにくいものの一つです。

　『文型』では、「ば」にP476からP487までと11ページもさき詳しく例文をあげて説明しています。「ば」を「1　一般条件　2　反復・習慣　3　仮定条件　4　反事実　5　確定条件　6　…ば…で　7　前置き　8　勧め　9　…も…ば…も（以下26まで延々「ば」使った表現が続く）と分類しているのは、これまた形

式と内容にふりまわされているからです。

　ここでも「過ぎたるはおよばざるがごとし」ということが言えます。細かく分類する前にまず「ば」の本質をとらえることが必要です。たとえば、「３…ば〈仮定条件〉　ａ…ば＋未実現のことがら」の解説では「特定の人物や事物について『Ｘが成り立てば当然Ｙが成り立つだろう』という意味を表す。Ｙは未実現のことがらを表し、文末に『だろう』『にちがいない』『はずだ』『かもしれない』や『思う』など、**推量や予測の表現を伴うことが多い**」（P479、太字は引用者）とあります。

　これはまったくさかさまの論理で文末に「『だろう』『にちがいない』『はずだ』『かもしれない』や『思う』」など表現が来るから「未実現」の意味になるのです。

　「組み合わせ」のところで説明したように、受け手は組み合わせによっていろいろな意味が生じたように思いがちだから、辞書や文法書の解説を読むときは、組み合わせによって生じた意味なのか本質的な意味かどうか常に注意を払わなければなりません。

　解説者があげた文を少し変えてみましょう（「→以降が変えた文」）。

- もし天気が悪ければ、試合は中止になる**かもしれない**。→もし天気が悪ければ、試合を見に行かないよ。
- 手術をすれば助かる**でしょう**。→手術をすれば、金がかかるなあ。
- こんなに安ければ、きっとたくさん売れると**思う**。→こんなに安ければ、儲けはないよ。（太字引用者）

　後ろに「『だろう』『にちがいない』『はずだ』『かもしれない』や『思う』」が来なければ「→以降の文」は違った内容の文になってしまいます。要するに、「ば」は組合わせ（後ろの文）によって、いろいろな意味が生じたように錯覚するのです。

　「時間があれば」でいろいろな文を作ってみましょう。
（１）時間があれば、男は酒を飲む。（一般条件）
（２）かれは時間があれば、毎晩酒を飲む。（習慣）
（３）あした時間があれば、飲みに行かない？（誘い）
（４）時間があれば、外で飲むのもいいなあ。（希望）

（5）時間があれば、一度あの店で飲んで見たら？（勧誘）
（6）（若いときは）時間があれば、あいつとよく飲んだものだ。（過去の習慣）
（7）時間があれば、いっしょに飲んだのに……。（後悔）

　この七つの例文はすべて前文の「時間があれば」が同じですから、文全体が異なった意味を持っているように思えるのは、後半の文の違いによってだということがわかります。（6）と（7）は過去の文脈です。

　「ば」を考察するには後ろの文ではなく、「ば」そのものの認識がどうなっているのか検討しなければならないのですが、形式主義者はその名のごとく形を重視するので、内容まで突っ込むことができません。後半の文の違いから「ば」がいろいろな意味を持っていると錯覚して、分類しているのです。

　「ば」はすでに見たように話し手が現在の立場から観念的に「Aをすれば」と考えてから、Bにもどって（ブーメラン）、自分の主観を付け加えます。

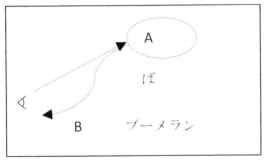

　Bに話し手の主観による表現がくるわけですから、それによって分類すればきりがありません。結果的に『文型』の解説のようになってしまいます。

　次は「たら」ですが、どう展開していくのか興味深々です。『文型』の「たら」の解説も「ば」のようにP204からP214まで10ページにわたっていますが、やっぱり主として後ろにどんな表現が来るのかという「組み合わせ」のちがいによって細かく分類・解説しています。細かく分類するのはいいのですが、適切な説明ができなければ、自分で毛玉をほぐしたのはいいが元にもどせなくなって足をとられてしまうようなものです。

　「たら」の「V―たら」の解説では「『と』『ば』『なら』と重なる用法を持つ。（中略）他の三つに比べると、文末表現の制約が少なく、話しことばでよく使われる」（P204、太字は引用者）とあります。

実は、『文型』は「ば」も同じような解説で「『ば』は『たら』と同じように使われることが多いが、書き言葉では『ば』、話しことばでは『たら』が使われる傾向がある」(P477、太字は引用者)と書いています。どこを押したら、そんな結論がでるのでしょうか。よく会話で使われる「食べりゃいいだろ！」「いま行きゃ間に合うよ」という表現は、それぞれ「食べればいいだろう」「行けば間に合う」から来ていることを考えりゃ、「話ことばでは『たら』が使われる」などと簡単に言えないと思います。

　さて、すでに見たように「たら」も組み合わせ（後ろの文）によって、いろいろな意味が生じたように思ってしまいます。「お金があったら」でいろいろな文を作ってみましょう。

（８）お金があったら、家を買います。(未実現)
（９）お金があったら、どうしますか。(質問)
（10）お金があったら、銀行に貯金しなさい！(命令)
（11）お金があったら、どんなに幸せなことか。(願望)
（12）(あのとき) お金があったら、(子どもを) 留学させていただろう。(回想)
（13）お金があったら、あったで使い道に悩んでしまうかも。(「～たら～たで」という言い方)
（14）(あの人は) お金があったらさいご、全部飲んでしまう。(「～たらさいご」という言い方)

　では、「ば」と「たら」の使い方の違いはどこにあるのでしょうか。「ば」は話し手が現在の立場から**観念的に「Aをすれば（Aになれば）」と考えて**から、Bにもどって（ブーメラン）、自分の主観を付け加えます。このことからいろいろな用法が生じることはすでに見てきたとおりです。

　一方、「AたらB」は話し手の現在の立場から、観念的に未来（未完了）のことがらに移行し、それが完全に終了（成立）したと想定し、次のことがらに言及します。AからBへは、**敏速・強制的・必然的**に移行します。いわば、話し手は「たら」を使って次の段階（観念的世界）へ押し上げているとも言えます。「ば」のように、話し手の立場にもどらないで、つまり**ブーメラン用法ではなく、その新しい段階でことがらを想定していきます**(注3)。ですから、「ば」はそうした新しい段階を作らないから、「卒業すればどんな仕事につきますか」とは言えないのです。「たら」を使って「卒業したら、どんな

仕事につきますか」と言わなければなりません。もちろん、「いい大学を卒業すれば、いい会社に就職できると考えている人が多い」と言えますが、「たら」を使った文とはとらえかたが異なっています。

認識論的に図解しましょう。

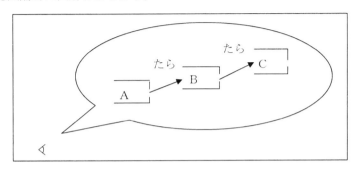

結果的に「たら」は次のような点で使い方が「ば」と異なっています。「終わる」という動詞を使って例文を作ってみましょう。
（1）（やる前に）終わったら、帰っていいよ。〈Aタイプ〉
（2）（やっている途中）早く終わったら、帰っていいよ。〈Bタイプ〉
（3）きのう仕事が終わったら、すぐ寝てしまった。〈Cタイプ〉
（4）きのう試合が5分早く終わったら、勝っていたのに（ロスタイムで負けた）。〈Dタイプ〉

さらに次のような例文が作れます。
（5）夫：寒気がするんだ。
　　　妻：薬を飲んだら。〈Eタイプ〉
（6）グラッときたら、火を消そう！
　　　あやしい人を見たら、110番。
　　　飲んだら乗るな。乗るなら飲むな。〈Fタイプ〉

〈Aタイプ〉は、ことがらが起きる前に仮定用法としてよく使われる使い方です。「雨が降れば行きません」「雨が降ったら行きません」のように両方で表現できる場合もあります。

〈Bタイプ〉はAがはじまったら、「たら」しか使うことができません。たとえば、「（ご飯を食べている子に）食べたら自分で洗うのよ」「（試験を解いている生徒に）書き終わったら、先生に出してください」とは言えますが、「食べれば、自分で洗うのよ」「書き終われば、先生に出してください」と言

えません。このとき、話し手は〈Aタイプ〉から〈Bタイプ〉への移行はほとんど意識していません。上の文も**試験が始まる前**でも「書き終わったら、先生に出してください」と言うからです。インターネットの動画も一つの行為が完了したら、また別の行為へどんどん移行しながら、「たら」を連発していきます。始まることより、終わって次の段階に移行することに関心があります。

〈Cタイプ〉は無意識・予想しなかったことが実際に起きた場合に話し手のおどろきを表します。文末は過去形になります。

上の三つのタイプは、AからBの移行がはやく、結果として**強制的・必然的**な意味になります。『文型』の205ページの例文に「〜たらすぐ〜」のように「すぐ」が使われているものが四つもあるのは偶然でしょうか。

〈Dタイプ〉は**回想・後悔**など過去のことがらについて話すときに使います。このタイプは次のように「たら」でも「ば」でも表現できます。

(15)（雨が降ってきた）傘を持ってくればよかったのに……。

(16) 傘を持ってきたらよかったのに……。

〈Eタイプ〉は「〜たらいい」の「いい」が省略されて言いさしになっています。これも「〜ば」を使って、「薬を飲めば」とも言えます。『文型』では「『たらいい』は『ばいい』は類義的で相互に置きかえ可能だが、『たらいい』の方が、ややくだけた話しことば的な言い方である」(P212)とあり、「ば」のところでは「『V—ば』だけで終わる言い方をすると、話し手にとってはどうでもいいことであるという、投げやりな感がすることが多い。『V—たら』『V—たらどう』で言い換え可能。くだけた話ことばで使う」P486)とあります。しかし、「ていねい」とか「くだけた」などという説明は、相対的な評価で危険です。これに非言語表現も付け加わってくるからです。

この説明の最後にある「くだけた話ことばで使う」というのは「ば」のことでしょうか、「たら」のことでしょうか。もし、「ば」のことなら矛盾していることになります。なぜ、「ば」が「投げやりな感がする」のか説明しましょう。これは「ば」のブーメラン用法がなせるわざなのです。「ば」は再々説明しているように、話し手が現在いるところから観念的にまだ起こっていないことがらを想起し、そしてまた話し手のところにもどる（ブーメラン）わけです。「〜をすれば……」という言いさしの文は、「ば」の後ろを言

わないで、**聞き手を途中でおろしてしまった格好**になるから、『文型』が言うように受け手にとって「投げやりな感がする」ことになったのです。

　また同辞典が「～方がいい」の説明で「辞書形を使っても、タ形を使ってもそれほど大きな違いはないが、聞き手に**強く勧める場合にはタ形を使うことが多い**」(P522) というのは、「た形」が図のように話し手がその行為を頭の中で**観念的に**行っているから、受け手に強く勧められたように感じたり、丁寧に感じたりするのです。^(注4)

　〈Fタイプ〉は標語として使います。この場合「ば」は使えません。ことわざでは「犬も歩けば棒にあたる」というように「ば」を使うのに、標語にはなぜ「ば」が使えないのか研究の余地がありそうです。「たら」の必然性という点が生かされるからでしょうか。「たら」も後ろの文で分類するのではなく、「たら」そのものの認識の違いから分類すべきです。

　以上のうちで〈Cタイプ〉は『文型』で〈**確定条件**〉(P208～P209、太字引用者) と言っているもので、次のような例文があげてあります。

- 変な音がするので隣の部屋に行ってみたら、ねずみがいた。
- 山田さんは無口でおとなしい人だと思っていたが、よく話をしたらとても面白い人だということがわかった。
- 落ちてもともとと思って試験を受けたら、思いがけず合格した。
- 部屋の様子が変だと思ったら案の定、空き巣に入られていた。

　この項目の説明には「(前略) 前半で予想を立てている場合、後の文に予

想したことが続くときは『案の定』『やっぱり』、予想外のときは『案外』『意外なことに』『思いがけず』などの言葉がよく使われる」(P209)とあります。

　けれども、「〜たら〜た」がなぜ「予想通りになったこと」と「意外なこと」と相反する使い方ができるのかの説明が不十分です。もともと「たら」を過去の文脈で使う「〜たら〜た」の意味は「おどろき」にあります。したがって、「変な音がする」という例文では、話し手はすでに**おどろいて**そうした心理状態で、隣の部屋に行ってそれを確認したら「ねずみがいた」と言っています。「部屋の様子が変だ」も「部屋の様子が変だと思って調べたら、空き巣が入っていたこと」がわかったのです。つまり、この二つの例文では話し手が「おどろき」「意外性」を**先取り**して、その原因を「たら」以降でつきとめたと言っているわけです。結局、あとの二つの例文と同じとらえかたをしていることがわかります。

　この場合、文は「〜ので〜たら〜た」「〜と思ったら〜た」のような文型になるので、それを文型として認定してもよさそうです。

　その例文を作ってみましょう。

(17) この機械の中で変な音がするので、開けてみたら、やっぱりねじが一つとれていた。

(18) 雲行きがおかしいと思ったら、案の定降ってきた。

　文型辞典なのにそこまでつっこんで説明してくれないのは、ずいぶん不親切ですね。

○なら

　サッカーやラグビーなどの競技では試合の前にコインを投げて、先攻か後攻かを決めますが、これを「コインオトス」いや「コイントス」と言うそうです。自分が言った方が出れば、好きな方を選べるわけです。当たらなかったら、相手側が好きな方を選んでしまいます。試合ではどっちか決めなければならないのでコインを投げるわけですが、そのとき表か裏かの一面しかでません。同時に出ることはありません。「なら」の意味はここにあります。図のように「ある二つのことがらの一つを選んでそれに対して話し手が自分の主観を加えて表現する」(二者選択)からです。論理学的に言えばAと非Aの関係です。

実際のやりとりをみてみましょう。

あなたが飲み物としてコーヒーが一番好きだったとしましょう。人から「コーヒーいかがですか」と聞かれた場合、「コーヒーなら飲みます」と答えるでしょう。ところが、「紅茶、飲みますか」と聞かれた場合は、「紅茶ならいりません」と答えるか「コーヒーなら飲むんだけど……」と言うかもしれません。あるいは言わない（言語化しない）かもしれません。

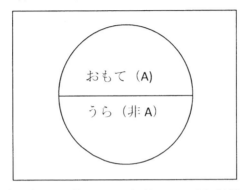

この場合あなたにとって「コーヒー」がAで、それ以外の飲み物が非Aとなります。このように「なら」は常に無意識に非Aをひきずっていることから表現に含みがでてきます。たとえば、「佐藤さん、どこにいるか知らない？」の問いに対して、「あ、佐藤さんなら図書館にいますよ」と答えた場合、無意識に「他の人なら事務所にいる」あるいは「他の人なら知らないけれど」という非Aを含みこんでいます。これが「は」を使った「佐藤さんは図書館にいますよ」という文との違いで、「なら」はいつも含みがあるようにとられがちです。非Aはいつも強いとは限らず、はっきりしないものもありますが、歯医者に歯を抜かれた人が、存在しない歯を意識するようなものです。

「彼なら」で文を作ってみましょう。カッコの中が非Aです。
(1) 彼なら部屋にいるよ。（他の人は知らない）
(2) 彼ならやりかねない。（他の人はやらない）
(3) 彼なら今度の首相候補にあげられると思う。（他の人は首相の力がない）
(4) 彼なら3年前にやめたよ。（他の人はまだ働いているけど）
(5) 彼ならその仕事1万円でやってくれるよ。（他の人はそんなやすくやら

（6）彼ならコンピューターに詳しい。（他の人は駄目だけれど）
　今度は「動詞＋なら」の例文をあげます。
（7）行くなら連絡してね。（行かないなら連絡しなくていいけど）
（8）食べるならちゃんと手を洗いなさい。（食べないならいいけど）
（9）そう思うなら勝手に思えば。（どっちでも自由）
　動詞の場合、その動詞の否定形か反対の意味の動詞が非Aになります。
　次は「疑問詞」を使った例文。
（10）A：そんなこと、だれなら知っているの？
　　　B：そんなこと、日本人ならだれでも知っているよ。
（11）A：いつならいいの？
　　　B：あしたならいつでもいいよ。
（12）A：いくらならいい？
　　　B：1万円以下ならOKだよ。
　話し手は相手の都合がいい条件を聞いて、今度は自分の都合がいいことがらを選んで投げ返します。話し手は相手から提示されたことがらや、いま問題になっていることがらをとりあげ、後半に話し手が自分の価値観にもとづいたボール（結論・提案・命令・妥協・意見・アドバイスなど）を聞き手に投げます。すばやく結論を出して相手の反応を待つのです。囲碁・将棋などのゲームでのやりとりや、会社と労働者の労使交渉などの駆け引きの場面でもよく使われます。
　たとえば囲碁をやっている二人。
（13）A：こっちをもらおうか。
　　　B：それならこっちをもらう。
　　　A：なら僕はこっち。
　『類義』61章でも「なら」をとりあげていますが、終わりの方に次のような解説があります。

　　「暑いなら窓を開けてください」「お帰りになるなら、私もご一緒にお伴いたしましょう」相手が汗をかいていたり扇子を使っていたりするのを見て「暑いなら」と言い、帰り支度をしかけているのを見て「お帰りになるなら」と言っているのである。（中略）**そのような外見の手掛か**

りが何もないのに「わからないなら教えてやるよ」と言うのは適切ではない。「わからなければ教えてやるよ」と『ば』の条件を使うべきであろう（P313、太字は引用者）。

　この本の著者が「なら」がわからないなら教えてあげますよ。次の例文を見てください。
　（14）親の言うことがわからない**なら**、お寺の小僧にでもなれ。
　（15）知らないの**なら**、口をだすな！
　これは「なら」の前に動詞の否定形が来た例文ですが、この場合Aが「否定表現」になっていて、かなり主観が強い言い方になっています。「なら」は「外見の手掛かり」とは何の関係もありません。『類義』の解釈は見当ちがいと言えます。
　交通標語で有名な「飲んだら乗るな。乗るなら飲むな」というのがありますが、ここでは「飲む」の反対は「乗る」です。ですから、「飲む」が実現すれば、当然反対の「乗る」は実現しない、つまり駄目ということになります。反対に「乗る」が実現すれば、「飲む」は実現しないのです。それでこの交通標語が人気（？）があるゆえんだと思います。もっとも「飲むなら乗るな、乗るなら飲むな」の方が標語のリズムとしてよさそうですが、「飲む」という行為を完了でとらえた「飲んだら」の方が標語としては生きてくるのでしょう。
　P157の図をもう一度見てください。○の中の上の部分、つまりAは話し手の好きな（得意な）分野で、それ以外（下の部分）は話し手の嫌いな（得意ではない）分野となり、次のような言い方ができます。
　（16）（同じクラスで）スポーツなら山田に負けるけれども、パソコンなら俺
　　　の方がはやい。
　（17）ウイスキーなら○○。
　（18）保養地なら温泉だ。
　（19）行くなら秋だ。
　片方が実現するから、その意味は排他的、かつ強い主観的な表現になるため、広告文などでよく用いられています。
　『文型』では、この「なら」を接続の仕方によって次のように三つに細分化しています（P396～P404）。

- なら₁　名詞＋なら
- なら₂　名詞・な形容詞＋なら・だった（の）なら　い形容詞・過去形＋（の）なら　動詞・過去形＋（の）なら
- なら₃　名詞・な形容詞＋（だった）なら　い形容詞・過去形＋なら　動詞・過去形＋なら

「なら₁」の「名詞＋なら」と「なら₂」の「名詞・な形容詞＋なら・だった（の）なら」の違いは、次のように説明しています。

　「主題を表す「なら₁」との違いは、「なら₁」は名詞のみに付いて「N（名詞のこと、引用者注）の話題であれば」という意味を表すのに対し、この用法は**事実であるかどうか未定のことがらや、事実に反することがらを仮にそうだと仮定すれば**という意味を表す。だが、どちらの用法か判定がむずかしい場合が多い（P402、太字は引用者）。

けれども、『文型』であがっている「なら₁」「なら₂」「なら₃」の例文はどれも同じ使い方のようです。

- 佐藤さんなら、図書館にいましたよ（「なら₁」の例文、P396）。
- 風邪なら早く帰って休んだほうがいいよ（「なら₂」の例文、P397）。
- 東京ならこんなに安い家賃では借りられませんよ（「なら₃」の例文、P402）。

『文型』の「事実であるかどうか未定のことがらや、事実に反することがらを仮にそうだと仮定すればという意味」という説明は「雨が降れば行きません」の「ば」でも「雨が降ったら行きません」の「たら」でも「未定のことがらを仮にそうだと仮定している」いるから、「ば」にも「たら」にも当てはまるのではないでしょうか。もともと「ば」でも「たら」でも仮定の言い方は「なら」に限ったことではなく、そういうことだと思います。まして、専門家が「どちらの用法か判定がむずかしい」といっているのならば、外国人学習者はもっとむずかしいわけです。辞書の使命としては辞書を引く人に

わかりやすいものを提供する必要があります。

また、「なら₂」と「なら₃」は「の」が付くか付かないかで分けていて、その意味の違いは、「の」の有無によると説明されています。

> はっきりとは認められない場合が多いが、「の」がある場合は、聞き手の発言や具体的な状況を受けて「あなたがそう言うなら」「それが事実ならば」「実情がそのようであれば」という意味を表すのに対して、「の」がない場合は、「一般的にそうような場合は」「そういう場合は」という意味を表す傾向がある（P397、太字引用者）。

「A：きょうあなたはなにが食べたいですか。B：すしが食べたいです」というやりとりと「なにが食べたいのですか。B：おいしいすしが食べたいのです」というやりとりのように「の」がある場合とない場合の違いはすぐわかります。この「の」は形式名詞の「の」なのです。『文型』では「なら₂」と「なら₃」に分けたのですが、この形式名詞の「の」をつけるかつけないかの違いだけで別の項目に分ける必要がありません。

「なら」は次のような構造になっています。零記号というのは認識しているけれども言語表現しないことです。ここでは■で表しています。

　　行くのならば→行くのなら■→行ん■なら■
　　それならば→→それなら■→そんなら■→■なら■

短くなるにしたがって口語体になります。『文型』の解説者が処理に苦労したのは、前章で述べた形式名詞の「の」なのです。はっきり区別がつかないの**なら**、分けない方が無難だと思います。したがって、「なら」を接続の仕方によって三つに分ける根拠がないということになります。もっと日本語を生きたことばとしてダイナミックにとらえなければなりません。固定した形だけでは絶対に解けないでしょう。

こうしたことは『文型』だけではないでしょうが、語や表現をいろいろ細かく分けて説明しても、基本を抑えてなければどうしようもありません。ことがらを複雑にし、学習者を混乱させるだけです。学習者のためと謳う**なら**うた、難易度も考慮する必要があるし、説明文を中国語に**翻訳**しようが英語にしようが、もとがわかっていないのだから、**翻訳**でもわかりようがありません。

第二部　日本語の分析

　以上説明してきた「と・ば・たら・たら」を簡単にまとめましょう。
【1】「と」は基本的には話し手が現在いる立場から実際の移動もしくは**観念的な移動を表わす。はじめにもどらない。**
　①過去の文脈で「移動→発見（発生）→おどろき」の意味になる。発見（発生）したら、先に行かない。
　②現在の文脈で「習慣・ルール・因果関係」。
【2】「ば」は現在の立場でAを想定し、話し手のいるところにもどってBに言及する（ブーメラン）が、話し手の主観によっていろいろな表現になる。
【3】「たら」
　①話し手は現在いる立場から**観念的に未来に移行**し、そこでAが完了したととらえ、それをふまえて次のBのことがらに言及する。ただし、Aの開始時にはこだわらない。話し手が動いている場合、Aが終わったことを確認しBへ移行していく。
　②過去の文脈では「意外性→おどろき」の意味になる。
【4】「なら」はAと非Aの二者選択。どちらかを表現する。
　ここで「と・ば・たら・なら」を使った複合表現の応用例をあげましょう。
料理教室で料理の先生とお弟子さん。
先生：きょうは茄子の料理です。えー、時間がないときは、茄子を一口大に切ってから電子レンジで３分ぐらい熱してください。そうすれば、調理時間が短縮できます（意見を言うだけ）。
弟子：先生、こっちの鍋のお湯がわきました！
先生：**そしたら**（もうすでにお湯がわいている）、そこにある具材をお湯の中に入れてください。**そうすると**（弟子といっしょに観念的に移動）、ってからあくがでてくるから、お玉でとってください。
先生：さ、出来ました。食べてみましょう。
弟子：あの、わたしは猫舌なんです。
先生：**それなら**（Aと非A）、冷ましたものがあるから、そっちを食べてみて。
　次は小さな病院で。
患者：先生、胃のあたりが痛いんですが。
医者：**そしたら**1、上半身裸になってベットに寝てください。
　　（患者のお腹をさわりながら）ああ、胃が悪いようですね。レントゲンを

とりましょう。**そしたら**₁、服を着てください。それで、レントゲン室でレントンを撮ってきてください。
医者：（レントゲンの写真を見ながら）あ、あ胃潰瘍ですね。切りましょう、胃を。**そうすれば**、楽になりますよ。
患者：胃を切るんですか！
医者：うん、切るしかないですね。**そしたら**₂、楽になりますよ。
患者：手術ということですか。（しばらく考えていて）**そうすると**、費用はどのぐらいになるんでしょうか。あまり高いと……。
医者：**それなら**（安い方を提示）、病室は大部屋に入ればいいでしょう。
患者：**そうすると**、手術はいつになりますか。
ここで、もう一度三浦のことばを思い出してください。

　（私たちは）観念的に二重化し、あるいは二重化した世界がさらに二重化するといった入子型の世界の中を、われわれは観念的な自己分裂によって分裂した自分になり、現実の自分は動かなくてもあちらこちらに行ったり帰ったりしているのです。

　最後に、この章の冒頭にあげた『表現の文法』で締めくくりましょう。解説者があげている例文（P492）を使って、認識論で解説しなおしてみます。

・どうすると英語が上手に話せるようになるのでしょうか。（話し手₁）
・どうすれば英語が上手に話せるようになるのでしょうか。（話し手₂）
・どうしたら英語が上手に話せるようになるのでしょうか。（話し手₃）

「類似表現同士で言い換えができる・できない」という方法では、本質的な意味の違いにせまることはできません。このやり方はすでに表現された文をいじくりまわすだけで表現の背後にある認識に立ち入らないからです。
　それこそ「｛どうすれば／どうしたら／どうすると｝類似表現の違いわかるようになるのでしょうか」です。
　現実的に話し手はある状況下で上の三つの表現を使い分けているはずです。ところが形式主義・機能主義で言語分析をする際には切り取った文、あるいは意図的に作った文だけ見て、そのときの話し手の認識行為・心理状態はまったく考慮しません。したがって、それぞれの表現の違いがわからなくなるのです。わかるためには水面下の氷山を検討しなければならないことは、

再々述べてきました。言語表現は話し手と場面とを切り離したら、わかりません。

そこで、上の三つの表現が使われる場面を考えてみましょう。

話し手₁は英語が上手に話したいけれど、なかなか上手にならないので、先輩か教師に質問しています。「と」は「そうすると」の使い方でわかるように**観念的・肉体的移行**の意味です。ですから、「どんなこと（方法論）すると英語が上手に話せるようになるのでしょうか」と聞いています。聞かれた相手は「そうだね。英語のＣＤを何回も聞くといいよ」と答えるかもしれません。この答えは「ＣＤを何回も聞くと、結果として上手な状態に移行する」と言っているわけです。

「ば」はブーメラン用法で、「Ａという**選択肢**を選べば、Ｂになるよ」というように話し手の立場にもどります。そこで、話し手₂は「どういう方法を選べばいいのか」と言う意味で「どうすればいいでしょうか」と相手にたずねています。すると、相手はいろいろある方法の選択肢から一つ選んで、たとえば「英語学校に行けばうまくなるよ」と答えます。

話し手₃は、アメリカ行きが迫っていて、心理的に余裕がありません。相手かまわず「どうしたら英語が上手に話せるようになるの」と聞きまくっています。方法論よりも**観念の世界**で神にもすがりたい気持ちです。聞かれた相手は冷静で、たとえば「個人レッスンでも受けたら」と解決策をさずけることでしょう。

注１：当時この清水トンネルは東南アジア一の長さを誇っていた。
注２：現在形でも「階段をのぼると、トイレが**ある**よ」のように後ろの「ある」がくると、移動・発見の使い方をする。また「そうすると、千円に**なります**」のような使い方も観念的移動を表し、「〜と〜現在形」の使い方の「橋わたし」をしている。
注３：どらえもんの歌（楠部工作詞）に「また、こんなことでき**たら**いいな　あんなゆめ　こんなゆめ　いっぱいあるけど……」とあって、「たら」が一度仮定の世界を構築したら、そこからまた想像を展開していくことがわかる。
注４：英語でも「〜た方がいい」を「have better」と言わないで「had better」と言う。また「Will you please」と言うより「Would you please」の方が丁寧なのは偶然だろうか。

13. ブーメラン用法（2）

　すでに述べた「ブーメラン用法」は話し手の観念的移行の一つで、あることがらを想定したのち、また話し手の立場にもどる認識行為のことです。この「ブーメラン用法」により、日本語の「あちら・こちら」「行ったり来たり」「売買」などの複合表現の構成がわかったし、「見える・聞こえる」の動詞や「どうせ・そろそろ」などの副詞の意味が解明できました。

　「ブーメラン用法」はそれだけではなく、観念的動きによる接続詞・接続表現の解明に抜群の効果を表します。なぜならば、三浦がよく言う「言語表現の背後にかくされている話し手の認識行為」が「ブーメラン用法」によってあきらかにされるからです。

　ここで次の八つの接続詞・接続表現をもう一度あらためてとりあげ、それらの分析に「ブーメラン用法」がきわめて有効であることを実証しようと思います。この八つの接続詞・接続表現は二つずつ対になっています。

【1】～し・～て
【2】～ば・～と
【3】～たあとで・～てから
【4】ので・から

　どれも手強そうな（？）ものばかりですが、偶然でしょうか。いいえ、そうではなく、従来の形式主義・機能主義の言語学では歯が立たなかったものが残っただけです。

　三浦は『文法』で「言語表現はいつでも平面的に線条的に展開されるから、聞き手はこの平面的につぎつぎと与えられる音声や文字を手がかりとして、**その背後に存在した立体的な認識や世界をよみとらなければならない**」（P36、太字は引用者）と書いていますが、いろんなところで同様なことを言っています。

　同書のまえがきでも「言語にあっては直接に耳や目でとらえられる音声や文字の部分を手がかりとして、その背後に存在した直接とらえぬことのできない思想の性質や構造を読みとるとき、はじめてそれを理解できるのであるから、学者はここでつまづきやすい。現象にとらわれえ、形式主義や機能主義などの誤った考えかたに転落し、学問を進歩させたつもりで退歩させてし

第二部　日本語の分析

まう」と書いています。
　要するに、本書のはじめにも書いたように言語の分析は氷山の海面からでた部分だけ見ないで、水面下の部分も考慮に入れて考察しなければならないのです。私たちのまわりにも刺繍の表と裏の関係、コンピューターゲームとコードの関係のように見えない（隠された）部分が見える部分を支えているものが、けっこうあることに考えが至らないわけです。(注1)

【1】〜し・〜て

『文型』の「し」の説明を見てみましょう。いつもの悪いクセです。〈並列〉〈理由〉の二つに分けているけれども、なぜ、「し」に〈並列〉〈理由〉の二つの意味があるのか検討しようとしません。

　　　1　し〈並列〉　a…し　b…し、それに　cNも…し、Nも
　　　2　し〈理由〉　a…し　b…し、…から　以下省略

　そして、解説では「節と節を『そして』の意味でつなぐ表現。同時的なことがらや、**話し手の意識の中で互いに関連しているような事を並べるとき使う**」（P135、太字は引用者）とありますが、そういうなら「そして」との違いを述べなければならないし、「話し手の意識の中で互いに関連しているような事」というのはどういうことなのか説明しなけばなりません。また、『文型』のように細かく分ける必要があるのでしょうか。
　例文をあげましょう。ことがらが二つのものです。
（1）あの家は部屋が六つあるし、庭が広い。
（2）あの家は部屋が六つあるし、（それに）庭が広い。
（3）あの家は部屋も六つもあるし、（それに）庭も広い。
（4）あの家は部屋が六つあるし、（それに）庭も広いから、暮らしやすいだろう。
（5）あの家は部屋が六つあるし、庭も広いし……
（6）あの家は部屋が六つあるし、掃除が大変だろうな。（以下マイナスの文）
（7）わたしの部屋は狭いし、日が入らない。（だから好きじゃない、引っ越したい）
（8）わたしの部屋は狭いし、（それに）日が入らない。

（9）わたしのアパートは部屋も狭いし、（それに）日も入らない。
（10）わたしの部屋は狭いし、（それに）日も入らないから、引っ越したい。
（11）わたしの部屋は狭いし、日も入らないし……。
　一つだけのもの。
（12）きょうは雲一つないし、絶好の行楽日和だ。
（13）わたしの部屋は狭いし、そろそろ引っ越しどきかな。
（14）妻：（釣りが趣味の夫に）あなた、あしたどうするの？
　　　夫：うん、雨なら行かないし、（晴れなら行く）
　以上のことから次のようなことがわかります。
①二つのことがらは話し手がプラス（例文1～5）あるいはマイナスと判断したもの（例文6～11）を「並列」というより「添加」する。（1）～（5）まではプラス（6）以下はマイナスに見ている。
②『文型』では文字通り「文型」として扱っていますが、「それに」は着脱自由で、文型を形成しない。「それに」と相性がいいのは、「それに」の添加・累加の意味に合うからにすぎない（「それに」は2章参照）。
③「も」も文型を形成しない。
④類似のことがらを二つあげるだけで理由の意味はない。理由の意味になるのは、「から・ので」があるからである。
⑤「文型」があげているほかに「し」を2回使う言いさしのいい方もある。
⑥ことがらを一つしか言わない場合は、（a）代表的なものをあげて、ほかを類推させる（例文12）（b）一つしか言わないことにより「含み」がでてくる（例文13）（c）例文14のようにどちらにするか迷っている（決めていない）などの理由による。

　『文型』は「～し」の意味を「並列」としてとったため、「そして」と同じにしてしまいました。ですから、ここで「～し」との違いを明らかにしなければなりません。そこで認識論の登場です。
　「～し」は、話し手がプラスあるいはマイナスと判断したことがらを「添加」させるのが基本的な使い方です。一回一回**ことがらをとりあげて話し手の立場にもどります**（ブーメラン）。ただし、「鞠はつきたし、鞠はなし」のように「～たし（～なし）」とマイナスのことがらを組み合せると、逆接の意味になります。
　これに対して「そして・～て」は、すでに述べてきたように話し手が観念

的、あるいは肉体的に移動してことがらをとらえています。
認識論的に図解しましょう。

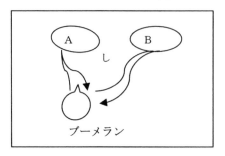 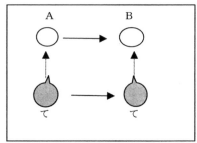

【2】〜ば・〜と
この「〜ば・〜と」の二つに関してもすでに説明したところですが、「〜ば」はブーメラン用法で、話し手が認識したことがらは、その都度話し手がいるところにもどります。その上で、次にどうするか言及していきます。
これに対して「〜と」は、話し手の認識が移動して、新しいことがらの発見につながっていきます。
○そうすると・すると
「と」が実際の移動・観念的移動をよく表している複合表現に「そうすると」という言い方ががあります。次の文を見てください。
【Ⅰ】実際の行為の場合。
（1）AとBをまぜます。そうすると泡がでてきます。
（2）レジの人：（買った商品を計算して）そうしますと、全部〇〇円です。
【Ⅱ】観念的行為の場合。
（3）A：（2014年時点で）あなたはいつ日本に来ましたか。
　　　B：2000年です。
　　　A：（頭の中で計算して）そうするともう14年になりますね。
この「ば」を使った複合表現「そうすれば」と比べてください。
【Ⅰ】実際の行為の場合。
（4）あまりおいしくなければ、これを入れてください。そうすれば、もっとおいしくなりますよ。
【Ⅱ】観念的行為の場合。
（5）A：（2014年時点で）あなたはいつ日本に来ましたか。

B：2000年です。
　　A：そうすれば4年……。
　そういえば、『文型』の説明はどうなっているのでしょうか。「そうすると」は「1きっかけ、2帰結」の二つに分け、解説しています。

　　1　〈きっかけ〉前の出来事をきっかけとして、後の出来事が生じる。または、あとの出来事に気付くことを表す。
　　2　〈帰結〉前の話し手が述べたことを受けて、発言するときに使う。「そうすると」のあとに、相手の言ったことについての解釈、論理的な帰結などを述べる。「すると」とだいたい同じ（P165）。

「前の話し手が述べたことを受けて、発言するときに使う」とありますが、ほとんどの会話はそうではないでしょうか。観念的移動ということがわかっていないから、苦しい説明になっています。1と2を区別するよりも、上の例文のように【Ⅰ】実際の行為について言うとき【Ⅱ】観念的な行為・操作について言うときの二つにわけるべきでしょう。また、2の〈帰結〉の解説で「そうすると」と「すると」とを同じにしてしまいました。
（6）アリスはまたテーブルに戻った。ひょっとしたら別の鍵がみつからないか、『望遠鏡みたいに伸びちぢみできる方法』なんていう本が置いてないかと期待してね。するとこんどは、なんと、小さなびんがのっているじゃないか。(注2)
（7）刑事：（話の流れで）すると、あんたは犯人を見ていないんだな。
　（6）の例は物語などでよく見られるものです。（7）の例では、この刑事が相手に追認を求め、確認したがっている意味になります。こういう場合も、「そう」がない分だけ緊迫感が出ていて、「そうすると」とはあまり言いません。さらに短くして「と！　そのとき」などとドキュメンタリーのテレビ番組でよく使っています。

【3】～たあとで・～てから
　これも違いがわかりにくいものの一つですが、すでに説明したように「～たあとで」話し手は自分の立場でことがらを認識しまたもどります。最初から話し手の認識は動きません。つまり、「～たあとで」は話し手が**移動せず**、

観念だけが移動してもどるわけです（ブーメラン）。話し手はＡＢ二つのことがらの前後関係だけに関心があるということです。

これに対して「ＡてからＢ」は話し手が未来のことがら（未実現）についてとりあげるときは、現在の立場で「Ａの終了後Ｂする」と**連続してとらえます**（前章参照）。現在から過去をとらえる場合は、話し手の認識が観念的に過去に移動し、そこでとらえた時間の前後関係について述べます。

【4】ので・から

「ので・から」の違いは、かなりの難問だということはすでにお話ししたし、その違いもすでに11章で説明しました。

長い間、解明できなかったのは、認識論を欠いていたからで、特に「ブーメラン用法」が理解できなかったからです。「ので・から」の違いは、要するに話し手がボール（自分の言いたいこと、関心があること）を聞き手にわたしてしまうか、ボールを持っているかの違いです。

和久峻三の推理小説『Ｚの悲劇』に次のような文がありました。

> 「長男の浩一郎も、ちょうど小学校を卒業する時期でした**から**、私たち親子三人がマドリッドで暮らそうじゃないかと、いったんは決めました（Ａ）」
>
> 「ちょうど小学校を卒業する時期でした**ので**、マドリッドで長年暮らしていた夫の亡父のコネクションで、マドリッド郊外の中高一貫校へ入学できました（Ｂ）」

この二つの文は、隣同士のページに出ています。なぜ、作者は「ので」と「から」を使い分けたのでしょうか。その違いはどこにあるのでしょうか。

実は（Ａ）の文に続いて、「ところが、兄の周一郎が私を引きとめたんです」とあって、視点が次のことがらに移っていることがわかります。

一方、（Ｂ）の方は、続いて、「『聖ヨハネ学院』というカトリック系の学校で、外国人専用の寮へ入居する**こともできました**」（太字は引用者）となっていて、同じテーマを持続させていることがわかります。

『類義』で例としてあげている文例（P291）を再引用して考察してみましょう。

ひじょうに温度が高いので、原子核は相当の速さで走り回っておりまして、お互いに衝突し合いまして、ときどき原子核反応を起こすので、いわゆる熱核反応といわれているものを起こします。(湯川秀樹「原子物理学の趨勢」、太字は引用者)

　ここからも送り手が「ので」というボールを持ち続けている(関心の持続)ことがわかります。

　以上見てきた八つの接続詞・接続表現【1】〜し・〜て【2】〜ば・〜と【3】〜たあとで・〜てから【4】ので・から、は、それぞれの対の左側の四つがブーメラン用法でした。これに対して、右側は「順行表現」と言うべきものでしょうが、必ずしも同じ認識行為ではありません。「〜て・〜と・〜たら」は、話し手の認識あるいは行為が移動するのに対して、「〜てから・から」は話し手の立場からことがらをとらえるだけで、話し手自身は動きません。左のブーメラン用法と比べると、話し手の認識や実際の行為が移動しているのが特徴的です。(注3)

　では、なぜ、ブーメラン用法を起こすのでしょうか。その理由は、もちろんそれぞれお家の事情(？)があって、異なっています。
【1】〜し：添加、一回ごとに話し手の立場にもどり、それで十分なら一つでやめる。または関心が持続、あるいは完全に決めていない場合。
【2】〜ば：二つの選択肢から一つを選んで(もどって)、次はどうするか言及する。
【3】〜たあとで：ＡＢの前後関係にしか興味がなく、ことがらを連続でとらえない。
【4】ので：次のような話し手の認識を表現する。
　1．そのテーマに関心がある。
　2．よくわかっていない、完全にはわからない。
　3．遠慮したり、ていねいな言い方をしたりする。
　4．100％だと断定できない、断定をさける。
　5．自己主張・いなおりを表す。

注1：ただし、「人間は脳に普遍文法なるものを持って生まれてくる」というチョムスキーの変形文法論とは立場を異にする。あくまでも三浦の認識論に立たなけれなならない。
注2：ルイス・キャロル『ふしぎな国のアリス』北村太郎訳。
注3：「～し」には「～は～し、～は～だしで」という用法もあることも考えると、左側のブーメラン用法には助動詞「だ」の連用形「で」が3回使われている。一方、順行表現には助詞「から」が2回使われているが、なにか関係があるかどうか今後の研究に俟ちたい。

第三部　言語教育の展望

もし、私が価値ある発見をしたのであれば、それは才能ではなく忍耐強く注意を払っていたことによるものだ
　　　　　　　　　　　　　　　アイザック・ニュートン

第三部　言語教育の展望

1．わかることとは

「わかる」というのはどういうことなのでしょうか。

　最初に「知る」と「わかる」の違いから考えてみましょう。「日本の首相はだれか知っていますか」と「日本の首相はだれかわかりますか」を比べてみると、「知る」は相手がその知識・情報があるかないかを聞いているのに対し、まず「わかる」は対象を理解して答えを出すような使い方をしていることがわかります。

　たとえば、喫茶店でコーヒーを飲んでいるとき、友達が「このコーヒーはどこのコーヒーかわかりますか」と言った場合は、そのコーヒーの原産地を聞いているわけです。これに対し「このコーヒーはどこのコーヒーか知ってますか」というと、原産地について**知識として持っているか**という意味です。

　外から見えない紙袋になにかおもちゃを入れて、相手にさわらせて「何か、わかる？」と聞くのは、相手の皮膚感覚（さわる）によりそれが何であるか判断させているわけです。テープレコーダーに音楽以外の音を録音しておき、「この音は何の音かわかりますか」と聞くのは聴覚です。

　このように「わかる」は、いわゆる五感を通しての認識行為だとわかりますが、一方でむずかしい数式をとく場合にも「この問題わかる？」と聞いたりします。私たちは一体どういうわかり方をするのか一度押さえておかなければなりません。この分野にわけいったのは津田道夫です。(注1)

　以下その研究をふまえて説明して行きましょう。

　たとえば、あなたが自分の家でパーティーを開きたいと思い、招待客にあらかじめ「手紙と地図」（B）を送っておきます。ところが、当日になって、その地図を忘れた人がいたり、いわゆる「方向音痴」の人がいたりするものです。地図を忘れた人には携帯電話（C）で道順を教えます。「方向音痴」の人にはわざわざ出迎えに行ってつれてきます（A）。この場合ＡＢＣ三つ**の方法**で自分の家まで来させていることがわかります。

　また、こんなことがあるかもしれません。あなたがタイを旅行していたとします。いなかのレストランで何かを注文したいのですが、タイ語も話せないし、タイ文字も読めません。そこで、あなたは隣のテーブルで食べている人を見て、身振り手振りで店員に同じものを頼みます（A）。もし、レス

トランのメニューに写真（B）がついていたら、もっと頼みやすいかもしれません。でも、あなたがタイ語が話せてタイ文字がわかっていたら、店員を呼んでおもむろにメニューを指しながら、タイ語（C）で食べたいものを注文するでしょう。

次にこんな例はどうですか。電球が切れてしまったので、お母さんは子どもを電気屋まで使いにやります。そこで、彼女は「これと同じものを買ってきて」（A）と切れた電球を持たせて買いに行かせます。ところが、電球がわれて、あぶないから、お母さんはメモ用紙に絵をかいて、「これと同じようなものを買ってきて」（B）と頼みます。でも、もっと賢い（？）お母さんは電球の型番を見て、それ（C）を子どもに教えて買わせます。

以上の例でわかるように、私たちは実生活では、この三通りの方法、もしくはその組み合わせで相手にわからせているのです。

Aのわかり方は五感をもとに感覚的に対象をとらえて理解するわかり方です。この場合対象は必ず実物・本物・現物が眼前になければなりません。このわかり方を「**直観**」といいます。日本語教師が日本語の「本」という語を教えるとき、教師が実物の「本」を見せながら、「本」と教えるのは「直観」でわからせているのです。教室でこうした本やペンなどを見せながら教えるのは「子どもっぽい」と言う人もいますが、それは違います。本やペンなどの**本物**を使って教えているわけです。

この「直観」は、「第六感」のことではありません。いわゆる「視覚・聴覚・味覚・嗅覚・皮膚感覚」の五つの感覚をもとに**注意力よって行われる能動的な行為**のことです。もともと五感は受身的で、これに注意力が加わることにより、脳がその感覚を認識するのです。

津田は前述の本で次のように書いています。

　　つまり、一言で直観といっても、そこには洵(まこと)に低次元のものから、訓練の中から鍛えだされた直観力による認識にいたるまで、しかも、訓練の中から鍛えだされた直観といっても、その訓練の質によって—詩人のそれか、作曲家のそれか、科学者のそれかによって—そこには、ひじょうに広い範囲のものがふくまれるということである（P35）。

Bのわかり方を「**表象**(ひょうしょう)」と言います。表象というのは、対象をわかりや

すくするために何らかの手がかりを作ることです。教師が日本語の「本」という語を教えるとき、「本」の写真や絵を見せながら、「本」と教えるのはこの方法を使っているわけです。

Cのわかり方が「**概念**」です。**数字・記号・言語**が概念にあたります。ですから「本」を見せないで、日本語の「本」を「book」と翻訳するのはこの概念のわかり方です。

図示しましょう。A→B→C、上に行くにしたがって、抽象度が高くなっていきます。

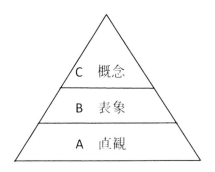

こういう笑い話があります。ある日本人の教師がオランダで日本語を教えていたときのことです。その教師はオランダ人の生徒に日本の「下駄」というものを教えようと思って「下駄は木でできた日本の伝統的なはきものです」と説明したら、生徒の一人が「先生、そんならオランダにもあります」と言ったそうです。その生徒が言ったものはゴッホの絵に描かれている有名な「サボ」という木靴のことだったんです。つまり、その教師は、最初に本物の下駄を見せるか、写真か絵を見せるべきだったのです。生徒は教師から説明された概念から「サボ」のことだと思ったのですね。

また別の笑い話があります。アレキサンドル・デュマがドイツに行ったとき「きのこ」が食べたくなったが、ドイツ語ができないので、ウエイターに「きのこ」の絵を描いてみせてこれをつくってくれと頼んだら、ウエイターは傘を持ってきたという話です。

最初の笑い話は、概念で説明しても、違ったものとして理解した例ですし、デュマの失敗は絵がうまく描けずに他のものを連想させてしまった例です。

概念がいいわけでも、直観がいいわけでもありません。それぞれ一長一短

なのです。概念としての数字は電話番号が一つちがってもまったく違った人にかかってしまうし、宝くじも当選番号と一つちがっただけで天国と地獄です。

　表象もいろいろ多岐にわたっています。写真・絵・模型・グラフ・分子構造図・地球儀など視覚化したものがこれにあたります。同じ表象でも「木」という語を教えるときは、写真より「略画」の方がいいときもあります。写真は対象そのものを表しているから「松の木」を見せて「木」と教えると、「松の木」を木と思い込んでしまうおそれがあります。この場合、「桜の木」や「杉の木」などを見せればその心配はなくなりますが。時間がかかったり、デュマのような失敗をしたりします。「略画」というのはまさしく具体的なものを省略して表象となっているからです。

　日本語だけで日本語を教えるのも、翻訳を使って教えるのも使うときも両方とも概念ですから注意が必要です。特に翻訳すればわかるというのはまちがえです。もちろん、日本語だけ使えばいいというわけでもありません。言語教育はわからせるだけではなく覚えさせて、使わせなければならないからです（3章「三セルと提出順」参照）。

　この分野は今後もっと研究されるべきだと思います。

　　注1：『実践的認識論への道』論創社、1984年。
　　注2：このことは、なぜ「する」という動詞は感覚した行為を「(へんな)においがする、いい味がする」と助詞「が」をつかうかのヒントになる。

2．「認識論」と直接教授法の原理

　筆者は日本語の授業ではずっと「日本語で日本語を教える」という立場をとってきました。この方法はいわゆる「直接教授法」（以下「直接法」）とよばれていますが、同じ「直接法」でも各言語教育機関によって実際の運用は異なっています。[注2]
　ここではこの「直接法」の正当性と有効性を三浦の認識論から論証していきましょう。
　日本語教師が外国人学習者に「イヌ」の絵・写真などの対象を指して、「イヌ」というのは、三浦が言う「日本語ですでに行われている対象と表現とのつながり」[注3]を教えていることで、このとき学習者はそれを見ながら（概念①）「日本語ではその対象をイヌと言うのだ」（社会的な約束：概念②）と言うことを認識して、この語を記憶します。
　そうすると、次に同じような対象を見たとき、「イヌ」と言えるようになるわけですが、もちろん実際には1回では無理なので、実際の言語学習の授業では、学習者に何回も「イヌ」と言わせ、繰り返えさせて、覚えさせます。また対象を見せることで自分で使わせるようにします。言語習得は、わかるだけでなく覚えて、実際に使えることが必要で、わからせただけでは、言語の指導といえません（次章「三セルと提出順」参照）。そのために練習というものがありますが、「わかった＝おぼえた＝つかえる」と思い込んでいる人も少なくありません。特に翻訳法で教える場合、教師は翻訳すればそれでよしと思ってしまいがちです。
　ここでいくつかの問題が生じてきます。
　【1】学習者によっては母国語の対応をすぐおこなってしまう。そして、それをノートに書く。これは翻訳というより、学習者が自分で認識した（わかった）ことを記憶にとどめるために母国語で検索するようにすることでもあるし、学習者によっては絵をかく場合もある。こういうことは実際の教室でよく行われている。しかし、ここで問題になるのは練習などの学習過程で対象を抜かして「イヌ＝dog」あるいは「dog＝イヌ」の等式だけを強調して練習すれば、結果的に翻訳法になりかねない。
　【2】学習者が母国語の対応ができないと不安がり翻訳を求める。隣の学習

者に聞いたり、辞書を見たりする。それは教師の説明が下手な場合か、**教師の母国語が学習者と同じ場合**などにおこりやすい。また、これはクセになりやすい。こういう学習者はいつでも翻訳をほしがるようになり結果的に伸びない。

【3】また、反応という点から見て最初にたとえば学習者の母国語「dog」をあたえると、どうなるか。その場合、「日本語における対象と表現とのつながり」ではなく、「英語における対象と表現とのつながり」を示すことになってしまい、反応と言う点ではおそくなる。つまり、日本語で「イヌ」と言いたいとき、先に「dog」を思い浮かべ「dog→イヌ」と想起し、「イヌ」と言う。

けれども、ここで「イヌ＝dog」だから、何で悪いのかという反論が出ることが予想されます。そこで今度は、日本人学習者が英語を習う場合に置き換えて説明しましょう。

学習者が対象「イヌ」を見ないで、教師から英語の「dog」という単語は日本語の「イヌ」だと教えられます。すると、学習者は「イヌ＝dog」と理解し、記憶します。学習者は次に対象について表現したいときは、まず日本語で「イヌ」を思い浮かべ、次に「イヌ＝dog」を想起し「dog」と表現するのが「翻訳法」で習った場合です。

下に「直接法」と「翻訳法」との違いを図を示しましょう。

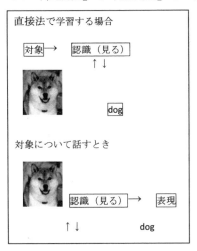
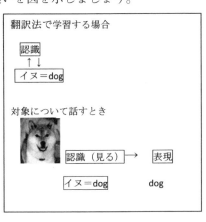

第三部　言語教育の展望

【Ⅰ】「翻訳法」で学習する場合

1．対象が示されない場合：学習語（dog）→学習者は母国語（イヌ）で認識する（概念①→概念②）。表現するときは母国語（イヌ）を想起→学習語（dog）で表現。

2．対象が示される場合：対象（イヌ）→認識。学習語（dog）→母国語（イヌ）で認識する。表現するときは母国語（イヌ）を想起→学習語（dog）で表現。つねに母国語→学習語という順序。

【Ⅱ】「直接法」で学習する場合

　対象→認識：学習語（dog）→表現するときも学習語（dog）。

　以上でわかるように「直接法」は母国語（イヌ）を使わないで文字通り直接学習者の認識にはたらきかけていることがわかります。学習者は見せられた対象を自分で認識（概念①）し、それを英語では「dog」ということを認識（概念②）し、学習します（第一部3章「二つの概念」参照）。

　つまり、「直接法」は母国語をとおざけることにより、学習者の反応のスピードが速く、より自然な言い方が学べるという利点があります。「翻訳法」で習ったとしても、概念①から母国語を通さないで概念②の学習語に直結させるようにした人が外国語をたくみに操れる人といわれるようになるのです。(注4)
つまり、**外国語学習は母国語におきかえることではなく、学習者が概念①で理解し、その次にそれを言語表現しようとするとき概念②（社会的規範）によって表されるということを学習（記憶・使用）することなのです。**(注5)

　「翻訳法」は学習者にとって楽なようでも「母国語→学習語」あるいは「母国語←学習語」の等式が学習時に災いしてきます。筆者が40数年も「直接法」を採用し実践しているのも、「直接法」の優位性にほかなりません。ただし、この「直接法」がその優位性を保つためには、①現行の言語教育の教材の作成および具体的な指導法の整備（4章「理想的な教科書」参照）②教師の育成（適切な指導法で訓練された教師）（5章「教師の育成」参照）が必要です。

　そのほか、次のような問題があり、改善の余地があります。

【1】これまでの多くの独学用の活字だけによる学習は翻訳法による学習法であり、効果が低いので、ほんとうの意味でも直接法用の教科書をつくることが望ましい（4章参照）。

【2】翻訳の功罪を考えると同時に、日本語だけで日本語を教えるためには

指導法・教材などにおいてより精度を高めなければない。そのためには、日本語そのものの研究とそれを反映させた教材の研究・作成および教師の訓練が必要となってくる。
【3】NHK などのテレビの外国語学習番組も再検討が必要。(注6)
【4】ビデオ教材、DVD 教材も同様に再検討が必要。
【5】学校教育などの翻訳・通訳を目的とする授業は、独立して整備する。
【6】現在流布している国語辞典も英英辞典や仏仏辞典のようにもっとやさしく記述にし、図解入りが望ましい。

　以上、三浦理論の一つである「二つの概念論」に立つことにより、言語習得の過程が見え、直接法の優位性、有効性がおわかりいただけたと思います。

　　注1：ハノイの「国立教育幹部養成学院」(NIEM)では必要にせまられてベトナムでラオス人に英語で英語を教えている。なぜならば、英語を教えるベトナム人はラオス語を知らないし、ハノイに来たばかりのラオス人はベトナム語ができないからである。
　　注2：ベルリッツ、ゲーテ・インスティチュート・アーリン・フランセなど。
　　注3：もちろん、本物のイヌと言うことはありうるが実際の教室ではまれだろう。また、母国語にない場合はそのまま認識するしかない。たとえば、まぐろの「トロ」を見せられて、自分の母国語にあたることばがない場合、そのまま「トロ」と覚えるしかない。よく聞く話だが、日本に長く住んでいたアメリカ人が帰国して、友達に日本のすしはうまいといいたら、翻訳できなかったという。
　　注4：明治初期、外国人教師による英語の直接法の教え方により岡倉天心、新渡戸稲造のような傑出した英語名人が輩出した。
　　注5：いわゆるバイリンガルはその言語の 対象 → 認識 → 表現 の流れを二つ独立して持っている人間だといえる。
　　注6：気をつけないとせっかく直接法用につくってある教材をその国の言語に翻訳して放映してしまうこともある。ベトナムのテレビ局ではイギリスの BBC が作った直接法による英語教育番組にベトナム語の翻訳をつけてしまっている。

3．三セルと提出順

　日本語教育に限らず教育というものは個々の学習項目を生徒の頭にうつす（コピーする）ことです。けれども、人間の頭は単なる紙ではないから、時間をかけ、かつ用意周到にやらなければなりません。
　では、言語教育では一体何をどうやらなければならないのでしょうか。もちろん学習言語を教えるわけですが、まず何と言っても教えなければならない学習項目の意味を説明しなければなりません。この際、日本語だけで教えるのか、生徒の母国語あるいは英語を使うかに分かれます（2章参照）が、とにかく最初に意味をわからせなければならないのです。
　このとき、学習者は学習項目の二つのことを理解し、覚えなければなりません。「作り方」と「使い方（意味＋場面）」の二つです。たとえば、現在進行形といわれる「～ています」を習うのだったら、「書きます」という「ます形」からどこを変化させれば、「書いています」になるのかということを理解します。これは「作り方」です。
　「使い方」というのは、単なる意味だけではなく、その表現が使われる場面も考慮するということです。狭い場面での現在進行形は、眼前のことしか表しませんが、広い場面での現在進行形は「いま私は小説を書いています」というように眼前のことでなくても言えるということを理解する必要があります。ただし、この「狭い場面」「広い場面」の使い方を同時に習う必要はありません。
　形容詞は命令形ではありませんが、ある場面で、お父さんがテレビを見ている息子に「うるさいなあ」と言えば、その息子はテレビを消すか、音を小さくするかもしれません。この場合形容詞は、命令形のような役割をしていて、人を動かすこともできるのです。このように教えるということは、単なる意味だけではなく、それが使われる場面も考慮しなければならないということです。
　その次に大切なことは、いま教えた学習項目を学習者に覚えてもらう必要があります(注1)。「わかった」だけでは「覚えたこと」になりません。覚えるために学習者にいろいろな練習をする必要があります。ですから、日本語教育機関や大学の日本語科などで行われている、いわゆる「日本語教師養成講

座」では、受講生に対してそれぞれの学習項目に適した練習方法を実際に身につけさせようとしています。(注2)

それで、学習者が練習によってある学習項目を覚えたとします。その次にしなければならないことは、学習者が覚えた学習項目を実際に使えるようにすることです。この3番目は見落としがちです。その学習項目を使うことこそが最終目的なのです。教師側から言えば、学習者に使わせることです。

このように言語教育では以上の三つが大切で、またこの順序で教えなければならないということです。授業の流れから言えば、まず最初がわからせること（導入）で、学習者から言えば「理解」にあたります。次に覚えさせること（記憶）と使わせることです。この覚えさせることと使わせることが練習にあたります。学習者から言えば記憶（再生→運用）することです。

以上をまとめると、次のようになります。
【1】ある学習項目の使い方と作り方をわからせること　導入　理解
【2】それを覚えさせること
【3】それを使わせること　　　　　　　　練習　　記憶（再生→運用）

したがって、練習には【2】の「覚えさせる」のが主目的なもの（繰り返し練習・代入練習など）と【3】の「使わせる」のが主目的なもの（QA練習・例文作り練習など）の二つがあります。

学習者の日本語を「なおす」ことは「使わせる」に入ります。もちろん「覚えさせる」の段階でも「正しい発音・表記」を覚えさせるわけだから、そこでも「なおす」ことが必要です。

ここで「わから**せる**・覚え**させる**・使わ**せる**」の後ろをとって「三セル」と呼びましょう。(注3)授業の流れはこの「「三セル」に即しておこなわれて行きます。(注4)どれが足りなくてもいけないのです。「わからせる」ことがたとえ数秒であっても、最初にやらなければならないし、またかかりすぎてもいけないのです。

わかったらそれで終わるということではなく、「**わかる**」ことが保存されている（生きている）ということです。それが次の「使う」というとき、よみがえってきます。よく言えば、自己増殖していきます。つまり、応用力が育っているということです。悪く言えば、先に入ったものがじゃま（干渉）をするということということです。学習者が「わかった」のか「覚えた」のかは

「使える」段階ではじめてわかるのです。こと言語教育に関して言えば「わかることは観念ではなく実践である」(注5)というのは、あながち飛躍した言い方ではないと思います。

　「わかった」ことは「覚えた」ことと同意語ではありません。たとえば「1、2、3……」という数詞の意味するところはすぐわかりますが、覚えるとなると時間がかかります。インドネシア語の数詞「1 (satu)、2 (dua)、3 (tiga)、4 (empat)、5 (lima)……」を始めて習う人がわかっても覚えるのには若干時間がかかります。このように「わかる」ことと「覚える」ことは違います。

　また「わかる」ことは「わから**せる**」こととも違います。「わから**せる**」ことは教える側の問題で、教師が学習者にいろいろ工夫をしたり技術をみがいたりして、わからせなければならないからです。「わからせる」には、それ相応の技術・方法が必要です。翻訳したら終わりというものではありません。

　考えて見てください。「ちょうど」という語を教えるとき、英語の「just」にすぐ置きかえる教師と自分で画用紙に「9：58、9：59、10：00」というデジタルの時刻を書いておき、「10：00」を指して「あ、ちょうど10時です」と教える教師とどちらが言語教師の資質として優れていますか？　日本語教師養成講座では理論の詰め込みばかりでなく、実際意味をわからせる技術・方法を受講生にもっと伝え、習得させなければならないと思います。単に翻訳して終わりではないのです。それでは教師自身もいつまでたっても進歩しません。翻訳でわからせる教師や教科書では「わかったら覚えた」と思ってしまいます。

　昭和の初期に活躍した直接法の実践家であり、研究家であった松宮弥平は『日本語教授法』(1942年、原文は旧仮名遣い、以下『教授法』)という本の中で次のように言っています。

> 「理解する」ということと、「話をする」ということは頗る間隔がある。理解したからといって、また意味がわかったといって、それが直ちに自分の言葉になって、口に言い表わせるものではない (P8)。

　ここで、彼が言いたかったことは、授業は「わかる→覚える→使う（話し

をする)」という段階を踏み、最終的に「使う・使わせる」ということを主眼にしなければならないということだったと思います。

「わかり方」については１章で述べましたが、「わかりやすい・理解しやすい」ということはどういうことでしょうか。どうしたら学習者にわかりやすく教えられるのでしょうか。実は、この分野─「わかりやすさ」の研究─はほとんどされていません。その理由は「翻訳すればわかるという迷信」と、現在理論的根拠にしているコグナティブアプローチ（Communicative Approach）などからの影響だと思います。(注6)

ここで「わかりやすさ」ということを調べてみましょう。ここに学習項目が100あったとして、これを一度に教えるわけに行かないし、覚えられません。そこで、どれを先に教えたらいいのかという順序が出てきます。これを「提出順」（学習者から言えば「学習順」）と言いますが、この研究も同じようにされていません。「わかりやすさ」は「提出順」と深い関係があることに気づいていないからです。

そんなことは簡単じゃないか、「やさしい」ものから「むずかしい」ものへと並べていけばいいと思うかもしれませんが、では、なにがやさしくて、なにがむずかしいのかの説明は簡単ではありません。並べ方なんかどうでもいい、どの表現も出たとこ勝負で、意味は翻訳をつければいいというのは乱暴ですし、学習者の母国語で日本語に対応する語・表現がない場合、たとえば「ある・いる」などはどうするのでしょうか。そういう考え方は無責任極まりありません。

ここで「認識論」から見て、ある表現の提出順（学習順）を取り上げてみましょう。たとえば、「窓を開け**たまま**、出かけた」という表現を日本語だけで教えるとするとき、「〜しないで」という表現を使って導入します。「何らかの理由（忘れた・急いでいた・疲れていたなど）で窓を閉め**ないで**、外に出かけた」と説明します。ということは「〜たまま」を教える前に「〜しないで」という表現を先に教えておかなければならないことになります。

この「〜しないで」は「〜て〜」の否定表現ですから、先に「〜て〜」を教えることになります。「私はコーヒーに砂糖を入れて飲みます」を教えてから「私はブラックコーヒーが好きだから、砂糖を入れ**ないで**飲みます」というふうにです。

ところが「〜て〜」は、二つの文を組み合わせるものですから、「コー

ヒーに砂糖を入れます＋飲みます」という「単文（肯定形）＋単文」にもどせます。

　以上の手順を学習順で言えば、「単文」→「単文（肯定形）て＋単文」→「単文（否定形）しないで＋単文」→「〜たまま」という順序になります。これが「やさしいもの→むずかしいもの」に並べる一例です。

　一般的に次のような順序になるかと思います。^(注6)

【1】肯定のとらえ方から否定のとらえ方へ：「これは本です」を教えてから「これは本ではありません」を教える。

【2】ここにあるものからここにないものへ：「机の上に本があります」を教えてから「あなたの部屋の中にないがありますか」を教え、最後に「あした用事があります」という順序になる。

【3】見えるものから見えないものへ：初級では「机・椅子」など見えるものを教えてから「親切」「空気」などを教える。

【4】近いものから遠いもの：「ここからあなたのうちまで何分かかりますか」→「東京から大阪まで」「東京からニューヨークまで」

　こういう提出順を一部では「**つみあげ方式**」と呼ばれ、嫌われる傾向がありますが、日本語は「接続するとき、形が変わる」「認識がつみあがっていく」という特性を考えると、無視する方がおかしいのです。たとえば「行かなければなりません」は単独で出すのではなく、「〜ば〜」を教えてから「否定のば」「〜しなければ」を出してから教えます。

　日本語はいったい何から教えたらいいのか考えてみましょう。筆者は、いくつか見てすぐわかる「本、ペン、つくえ、いす、まど、新聞」などの語を教えたあと、「これは〜です」を一番最初に教えるべきだと思っています。

　「これは〜です」から始めるのは、英語の伝統的な「This is a book」の焼き直しと言う人もいますが、「こ・そ・あ」こそ「自分と相手と対象の関係を日本語では三つにとらえて表現する」ということを最初に学ぶことはとても重要だからです。特に、自分の母国語が「自分と相手と対象の関係を表すのに二つしかない言語」の学習者にとっては、もののとらえ方が違う異文化に接することができるでしょう。

　「〜は〜です」という判断表現を覚えさせ、使わせたら、その後の「わたしは○○です」「このペンは大きいです」「ここはとうきょうです」という文

に発展させていきます。それだったら、「わたしは〇〇です」が先でもいいと思うでしょうが、それは違います。「これ・それ・あれ」という指示代名詞の方が「かれ」という人称代名詞が「これ・それ・かれ」（文語）から来ていることを考えても先の方がいいと言えます。

　ここで筆者自身がラオス語を翻訳をしないで、学んだ実例を述べてみましょう。

　　　ラオス人教師は5個の実物を一つづつ提示し、それぞれラオス語で発音し、私にくりかえし、言わせたのち、教師自身その一つを手にして、「ニーメン〇〇」と言った。
　　　私はこのとき自分側にあるものを指すとき、ラオス語では「ニーメン」というものと理解し、私の目の前にあるものを一つずつ指し、「ニーメン〇〇」とくりかえした。
　　　この間、ラオス人の教師は私の発音を治したり、いい間違えたとき正しい言い方を示してくれた。しばらくしてから、教師は私の目の前にあるものを指差しながら、「ナーメン〇〇」と言った。それで、私は相手側・あるいは遠くあるものを言う場合は「ナーメン」というふうに理解して、記憶した。(注8)

　この実験授業では、まったく日本語を使わず、ラオス語だけで行うことができました。もちろん、筆者は言語教師であり、言語の専門家ですから、学習の方法を知っているし、言語を学習するときなにが大切かをわかっています。しかし、ラオス語を話すときは、日本語の「これ・それ・あれ」のどれが「ニーメン」「ナーメン」に対応するのかということを考えないで「ニーメン」「ナーメン」を使い分けができればいいことであって、これを日本語の「これ・それ・あれ」で対応させて（翻訳して）理解し記憶する必要はありません。

　この学習項目の難易度は並べ方だけからくるのではありません。次のような学習項目はそれ自体理解するのがむずかしく学習に時間がかかります。
【1】外国人学習者の母国語にないもの：いる・ある
【2】外国人学習者の母国語と反対の使い方をするもの：〜ぶり（日本語は後ろに肯定形がくる）

【3】表面的には肯定形なのに使い方は否定として使うもの：かねる、油断
【4】同じ行為なのに二つないし三つの語があるもの：かす・かりる、あげる・もらう・くれる
【5】みえないもの・抽象的なもの：わびしい、義理・人情
【6】多義のもの：やる・あつかう
【7】上級に行くにしたがって増えていく類似表現：けれども→のに→くせに

　次に「覚える」ことについて見てみましょう。昔からなにかを覚える・記憶するためには「繰り返す」ということが行われてきました。この「繰り返す」ことは記憶の原点で、ラテン語教育でも古くから「Repetitio est mater studiorum．（反復は学習の母）」と言ってきました。けれども、反復には欠点もあります。それは、「あきる」ことと「応用が効かない」ことです。機械的な「繰り返し」だけではパブロフの犬のように反射運動が発達するだけです。そこで他の練習をするわけですが、別の学習項目に行くのではなく、同じ学習項目をあきさせないで授業を進めていくのがプロの言語教師です。学習者は、えてして十分その学習項目を身につけていなくても、先に行きたがるものです。ですから、先に行きたがる学習者をあきさせないで、いろいろな練習を展開しておもしろい授業をすることが必要です。
　前述の松宮弥平も単なる「暗記主義」を批判しています。

　　　その次は、語でも、句でも、文でも、同じことであるが、一概に暗唱させて暗記させてしまえば、よかろうという誤である（『教授法』P20）。

　機械的な繰り返し練習や合唱練習は必要ですが、これだけでは使える段階に行かないないので、松宮の批判となり、現在では「先生→生徒、生徒同士」で習った学習項目を使う「教室作業」（タスク）をやらせることが多くなっています。
　しかし、矛盾するようですが、覚えなければ使うこともできません。このとき、学習者の脳にできあがった雛形（覚えたこと）はとてもこわれやすいから、十分に気をつけなければなりません。この雛形は一度作ったら、すぐこわさないほうがいいでしょう（じょうぶな箱づくり）。たとえば、「これは〜です」を最初に教えたのにかかかわらず、すぐ「これは」を省略して、

「～です」だけにしてしまうと、一見親切のようですが、これはまったく逆なことなのです。学習者はどっちを覚えていいのか戸惑います。ちょうど駅までの道を教えてもらって行こうとすると、「もう一つ近道があるよ」と言われた外国人のようです。どっちを行くか迷うし、二つの道を同時に行くことができないからです。

このことから「教えるときは情報は一つがいい」ということができます。言い換え可能な表現を同時に教えられても、使うのはそのうちの一つです。いっしょに使うことはできません。否定形の「～ではありません」と「～じゃありません」を同時に習っても、学習者はそのうちの一つしか使えません。ということは、「同時に二つは教えない」という簡単な法則（？）が出てきます。

中世の傑出した教育学者、コメニウスはラテン語教育で「すべて順を追って教えてほしい。**いちどきには一つしか教えない**。一つから一つへと区切って進んでほしい」と書いています（『大教授学』、明治図書、太字は引用者）。残念ながら現在でも教える側が、あれも教えようこれも教えようとして教科書をてんこ盛りにしてしまい、結局教科書は分厚いものになっています。コメニウスの忠言などどこ吹く風です。

この覚えること・記憶力は、個人の能力にされてしまうことが多いようです。たとえば、教師は「あの学生は覚えが悪い」とか「頭が悪い」などとよく言いますが、本当にそうなのでしょうか。提出する側の反省、この方法でいいのか検討の余地はないのか、どうしたらもっとわかりやすく・おぼえやすくできるのか研究する。この教科書でいいのか。この語・表現は、辞書の説明どおりなのかなどなど、教える側がやらなければならないことがたくさんあると思います。そういう立場に立つと、学習者側ではなく、教える側にいろいろ問題点が出てくるはずです。なにも出てこないとすれば、マンネリになっているかプロでない証拠です。

では、どうすれば学習者に覚えやすくなるのでしょうか。その一つは、覚える量を減らすことです。100の項目より10の項目の方が覚えやすいに決まっています。普通の人間が一度に記憶する分量はそれほど多くありません。そんなことは当たり前と思うかもしれませんが、言語学習では意外と学習者にその段階では不必要なものをたくさん出しています。この点で記憶力は胃の消化力と似ていると思います。一度にたくさん食べても消化不良を起こす

だけです。

　したがって、教える側が学習項目をたくさん出さないこと、出しすぎないこと、一度出したら、それが次の表現（学習項目）に生かせるようなものを先にすべきです。よく巷でみかける旅行者向けの短期外国語の会話集を見ると、その国に行っても使わない言い方、古い言い方がたくさん載っています。覚えるだけ無駄だと言えます。

　というわけで、ここでも「提出順」（何を先に出し、あるいは出さないほうがいい）ということが重要だということがわかりました。最近は先に入ったものがあとから入るものをよくも悪くも干渉するという「干渉論」はあまり取り上げないようです。とりあげてもせいぜい「母国語干渉」ぐらいですが、この「干渉論」も「提出順」と同じように重要です。

　かつての大ベストセラー『頭の体操2』で多湖輝は「水路づけ（canalization）」を次のように紹介しています。

　　　広い河底に少しの水が流れるとき、河床の砂がけずられて、一本の水路（キャナル・canal）ができる。ところが、いったん水路ができあがると、こんどは、水がそこを通りやすくなるために、しだいに掘り下げられ、ひろげられて、ますます水が流れやすい状態になってゆく（P17）。

これはまさしく「干渉論」のことです。最初に覚えたものが、次のものを覚えるとき連想によって、流れやすくなります。水路が自分の望む方に流れればいい（「正の干渉」）のですが、望まない方に流れてしまえば「負の干渉」です。

　日本語教育で言えば、「いち・に・さん・し……」の数詞を教えてから「一人、二人、三人、四人……」を教えると「四人」のとき「しにん」と言ったり、「四時」を「しじ」と言ったりしてしまう学習者が出るかもしれないということです。

　日本語の助数詞の「1本（ぽん）、2本（ほん）、3本（ぼん）、4本（ほん）、5本（ほん）、6本（ぽん）、7本（ほん）、8本（ぽん）、9本（ほん）、10本（ぽん）」は、発音が「ぽん」になったり、「ほん」になったり、「ぼん」になったりします。面倒でも覚えなければなりません。

けれども、もし学習者が先に「100、200、300、400……」のように三桁の数詞を習ったたあとに、「本」の助数詞を習えば、かなり楽になるかもしれません。なぜならば、「200（にひゃく）→２ほん、300（さんびゃく）→さんぼん、400（よんひゃく）→よんほん……」となり、ほとんどが三桁の知識が使えますし、それから「杯」「匹」にも応用できます。
　それを突然に「枚、人、台、回、時間、〜か月」の助数詞を全部出して教えるのは乱暴というか、学習者にとっていかに覚えるのが大変かわかっていない証拠です。自分で、はじめての東南アジアの言語の数詞を１〜２時間程度の時間で覚えようとしてみればわかります。それで覚えられなければ、自分の頭のせいにするのでしょうか。
　特に同じようなものはいっしょに教えないようにすべきです。意味の類似もそうですが、音の類似でもそうです。日本人の子どもでも日本語学習時に間違える「白い（い形容詞）→白くない」の連想で「きれい（な形容詞）→きれくない」と言ってしまいます。似ているものは、同時に出さない方が誤答率が低くなるでしょう。
　翻訳も「干渉」から逃れることはできません。日本人が英語の「on」を習うとき、「on＝上」として理解すると、それがあとあとまで邪魔し、「the fly on the ceiling（天井にとまっているハエ）」がなかなか使えないのです。なぜならば、「on＝上」が「水路づけ」を起こして、「the book on the table」の「on」が邪魔をし、「on the ceiling」の表現が理解できないからです。
　ですから、この順序ということは徒や疎かにできません。何を先に教え、何をあとから教えればいいのか、それを判断するためには「認識論」が必要になってきます。「ば」と「たら」はどちらを先に教えたらいいのか、「とき」と「と」はどうなのか、などなど……。
　さて、「三セル」の最後は「使う・使わせる」ということですが、前にも言ったように学習者が「わかったか」「覚えたか」の確認は「使わなければわからない・使わせなければわからない」のです。学習者が「富士山は日本で見えます」という文を作ったら、その学習者は「見られます」と「見ます」の区別がつかないか、どちらかがよくわかっていないということが教える側がわかるのです。
　ですから、教える側はクイズやテストなどをして学習者の理解度の質をチェックするわけですが、授業では学習者に質問したり、例文を作らせたり

して理解度を確かめます。間違っていたり、十分理解していなかったりする場合は、その学習項目をさらに説明します。このとき、とても重要なことは、その学習者のあやまりはどこからくるのかをすばやく判断することです。それは、あたかも医者が患者の症状はなにが原因（つまり、何の病気か）なのか判断するのに似ています。判断するためには、当然教師が今学習している学習項目を十分理解していなければなりません。

　この「使う・使わせる」段階で間違えが生じるということは、学習者の理解過程でなにかが起きたということです。何かがその学習項目を正しく運用するのを邪魔（干渉）しているからです。まちがった翻訳のせいなのか、似た表現なので誤解しているのか、あるいは教師の不十分な説明によるものなのかなどです。

　つまり、「わかり方」の質がその後の学習者の日本語運用を左右するということです。逆説的な言い方になりますが、「学べば学ぶほど下手になる」場合も起こってきます。たとえば、「すぐ」だけ覚えて「ただちに」を知らない学習者は「私はビールを飲むと、すぐ赤くなる」というふうに正しく使えたのに、上級に行って教師から「『ただちに』は『すぐ』と同じ意味ですよ」と教えられてから、「私はビールを飲むと、ただちに赤くなる」という文を作ってしまいました。これは「ただちに」は「すぐ」と同じような意味だと教えた教師がいけないのです。説明が不十分だったのです。「ただちに」は、事務や警察などで使う公的な言い方で、普通の会話では使わないと付け加わえなければ、せっかく新しい語を習っても意味がありません。

　もう一つこの段階で重要なことは、初級の学習者に必要なものを先に「わからせて・覚えさせて・使わせる」ことです。当然のことだ思うかもしれませんが、これがそうでもないのです。日本語学習をはじめたばかりの学習者がすぐ使わないもの・使えないもの、たとえば「残業」とか「ほんの気持ちです」とか「たいへんですね（注12）」などを教えることはないわけで、この面からも「提出順」が決まってきます。

　ここでもう一度「三セル」をまとめておきましょう。教師はある学習項目を学習者に理解させ（わからせる）、記憶させ（覚えさせる）、運用（使わせる）させます。このとき、「理解≠記憶」ということです。「理解は正しく理解しようがまちがって理解しようが自己増殖し、次の学習項目を正負の干渉をします。この二つは学習者の頭の中の活動ですから、具体的には運用

(使わせる）させなければわかりませんし、学習目的はこの運用に尽きます。このことを教師は見落としがちです。

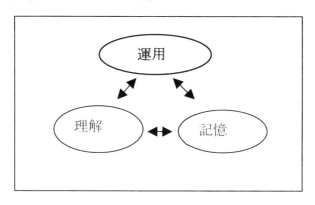

「使う・使わせる」と一口に言いますが、簡単ではありません。こういう笑えない笑い話があります。教え始めたばかりの教師に先輩教師が「きょうＱＡ練習やった？」と聞きました。すると、その教師は「ええ、それぞれＱ（質問）とＡ（答え）の文を繰りかえし言わせました」と答えました。

形式的なＱＡ練習ではなく、実際のコミュニケーションとしてＱＡ練習をしなければならないのです。これが最終的に「使わせる」ことの意味です。けれども、教師は繰り返し練習はするけれども、コミュニケーションとしてＱＡ練習はなかなかできません。

その理由は怖いから、学習者に関心がないから、プロではないから、教師が外国人教師で教えている言語に自信がないからと様々な理由があがってきます。けれども、言語教師は学習者が学習言語を運用する立場に立たせなければなりません。

松宮が「語でも、句でも、文でも、同じことであるが、一概に暗唱させて暗記させてしまえば、よかろうという誤である」と言っているのは、この「最終的に実際のコミュニケーションまで持っていく」ことを言いたかったのだろうと思います

以上この章で述べてきたことから学習者がどう理解し、どう記憶するかへの配慮が行き届き、運用を最終目的においているのが、いい教授法・指導法であり、いい教科書であり、そしていい教師だと言えるでしょう。

注1：このとき学習項目にともなった音声・表記を覚えなければならないことは言うまでもない。
注2：現行の養成講座はもっと実技の時間を増やすべきだと思う。
注3：1975年筆者は「三セル」の提唱・実践の場として千駄ヶ谷日本語教育研究所を設立したが、同所は現在はそれを継承していない。
注4：19世紀か20世紀初頭にかけて活躍したドイツの教育者、W．フィエトルは『言語教育の転換』のなかで「理解と再生」と言っているが、「記憶」が抜けていて、「2セル」である（大野敏男・田中正道訳、溪水社、P55）。
注5：拙著『わかる日本語』1巻序文（1976年、千駄ヶ谷日本語教育研究所刊）
注6：コグナティブアプローチは「『正確さよりも滑らかさ』を重視し、タスクを多用する」（ウィキペディア）。提出順などはあまり考慮していない。
注7：そのほか頻度数なども提出順を決める重要な因子である。
注8：本当はラオス語の教師は私に物を持たせた後、私に「ニーメン〜」と言わせてから、手を筆者の方から自分の方へ動かしながら、「ナーメン〜」と教えるべきだった。
注9：そのため通俗的には「ditionary、kenel、thunder」などの英単語をそれぞれ「字を引く書なり、犬（ケン）寝る、雷さんだー」などのように覚えることも必要になってくる。
注10：特に、母国語の発音が学習語の発音に影響をあたえる場合をとりあげている。
注11：『みんなの日本語』初級Ⅰ
注12：同上。

4．理想的な教科書

　この章では、今日本国内ばかりでなく多くの国の学校や日本語学校で使われている『みんなの日本語初級Ⅰ』（以下『み』とする）という教科書は本当に理想的な教科書なのか検討してみたいと思います。なお、同書は総ルビになっていますが、引用にあたってカットし、分かち書きも普通の表記に改めました。
　教科書を問題にすると、こういう声が返ってくることが予想されます。「何をあなたは細かいことを問題にしているのですか。今教室で使っていて問題がありません。生徒は日本語が上手になっているし、満足しています。私もこの教科書になれて上手に教えられます！」

本当にそうでしょうか。もう一度冷静になって判断することが必要です。そういう保守的な考え方では何も先に進まないのです。これまで人類の発見・発明はそういう保守的な考え方や常識を破ることによって生み出されてきました。たとえば、コペルニクスは「地球は動いていない」という当時の常識とはまったく反対なこと——「太陽が動いている（地動説）」——を唱えたし、コロンブスは「当時西周りではインドに行けない」という常識に逆らって西インド諸島を見つけました。また、ライト兄弟は「人間は空を飛べない」という常識を破って人類の空を飛びたいとう夢を叶えたのです。

　こういう話はこのくらいにしましょう。事なかれ主義は保守的で進歩がありません。

　そこで、いままで述べたことを踏まえ、次のような観点からできるだけ『み』を客観的に考察してみました。(注3)

Ⅰ．どんな教授法・編集態度にもとづいているか。教師がその語・表現を日本語だけで教えられるか、教えやすさはどうか。

Ⅱ．提出順はどうなっているか①：学習者の理解度への配慮はあるか。同時に出していないか。生徒がわかりやすい配列になっているか。

Ⅲ．提出順はどうなっているか②：学習者の記憶力を配慮しているか、覚えられるか。多すぎないか、出しすぎではないか。

Ⅳ．初級で必要な学習項目を出しているか。

Ⅴ．編纂者の偏見・独断が入っていないか。

Ⅵ．日本語の分析が正しく反映されているか。

Ⅶ．提出された表現の整合性・統一性はどうか。

　その結果『み』には数多くの問題点があることがわかりましたが、以下9つの項目に集約してコメントして行きましょう。

【1】『み』は直接法用に作られていない

　これは単に「直接法」に向いていないという単純なことではなく、このことから種種の問題点・弊害が発生してきます。翻訳があるとわかりやすくなるというのは誤解ないし迷信です。それに頼っているから、いつまでたっても日本語が見えてきません。翻訳はあくまでも学習者の母国語あるいは仲介語の英語などを通して日本語を学習しているわけです。また、授業では教師は日本語だけで教えている（折衷法）ので、問題ないと言うのも間違っ

ています。

　『み』には別冊として英語・中国語・韓国語・フランス語・スペイン語・ポルトガル語・タイ語・インドネシア語・ロシア語・ドイツ語の翻訳・文法解説書（以下『訳』）がついています。こんなところから多くの機関で利用されているのでしょうが、なぜ翻訳がいけないかは今まで縷々(るる)述べてきたところです。百害あって一利なしです。わかることと覚えて使うことは別問題ということがわかっていないのです。翻訳でその場の意味をわからせても、日本語でわかったのではありません。

　この編集態度の翻訳したらわかるという甘さから、いろいろな問題点がでてきます。教科書に出てきた学習項目は日本語だけで教えようとしてもその段階ではむずかしいすぎるし、ベテラン教師でもその段階では早く出すぎて日本語だけで教えられません。早すぎるというか最初から提出順が考慮されていないからです。このことから基本的な表現よりむずかしい表現が先に出たり、同時にたくさんの学習項目が出たりしてしまうのです。そして説明に窮すると、翻訳に逃げてしまいます。教師自身がわかっていないことを翻訳にしたらわかるのでしょうか。これは「逃げ」(注4)というか甘えです。日本語で十分説明ができなかったり、学習者がわからなくなったりすると翻訳に逃げてしまうのです。翻訳だとわかると思うのはすでに前章で見たように迷信なのです。

　『み』の『手引書』（以下『手』）にはそういう「困ったら翻訳に逃げる」という安易な指導がいたるところに見られます。たとえば、①「語彙の導入」のところで「ⅱ．翻訳（口頭、フラッシュカード）の利用」（P13）と書いてあります。これは教師が翻訳を口で言うか、カードに翻訳を書いたもので説明すればいい言っているわけだし、18ページの「練習Ｂ」のところでも練習方法に「翻訳ドリル」をあげているように『み』は「翻訳」を是認しているわけです。ただし、「翻訳ドリル」の説明のところでは翻訳の欠点として「学習者自身の学習レベルに応じた日本語で考えるという積極性を損ない、母語や媒介語に頼る傾向を助長する恐れがある」と言っています。そんな欠点を認めているなら、最初から「翻訳」を頼らなければいいのですが、**教科書が日本語だけで日本語を教えられるようにできていないので、翻訳に頼らざるをえないという矛盾があるのです**。ですから、『み』の１課練習Ｃに出てくる「失礼ですが、お名前は？」の説明を『手』では「場面性重んじ、こ

こに欠かせない会話表現として提出した。これは丁寧に名前を尋ねる会話表現で、ここで新出であるが、**各国語翻訳が用意しているので、練習の妨げにはならない**」（P20、太字は引用者）と「翻訳」に逃げています。まだ1課を勉強している学習者が「失礼ですが、お名前は？」だけ丁寧に言えても意味がないのではありませんか。

　この『訳』にはその課の新出語彙の翻訳が充てられています。たとえば1課の「〜さん・〜ちゃん・〜君」の語彙が英訳で説明してあります。実際は、「君」はすぐ出てくるわけではありません。「〜君」は教師が出さない限り6課の後ろにある「復習A」の3の問題に「太郎君」として出てきますから、提出時期がずれています。

　説明しにくいものは、翻訳に逃げればいいのだから、教師は楽です。それが両刃の剣だということを知らずに。翻訳のマイナス点は前章でもあげましたが、そのほかにも教科書の提出順にも悪い影響をあたえるし、**教師の方もそれにあぐらをかいてしまいます**。なぜならば、新しい語や表現は翻訳することによってどこでも出せることになるし、導入に頭を悩ませなくて済むからです。しかし、それは教師の能力を伸ばすことにならないのですが、気づかないだけです。

　いまあげた「失礼ですが、お名前は？」の例のようにその課で必要ないものや難しい表現を**段階的**に教えようとする意図がなくなってしまいます。これも翻訳法の弊害です。教師が翻訳でわかると思っている限り抑止力がはたらきません。そのことから教師がはっきり直接法をとれないのです。自分は「日本語だけで教えている」と言っていても教科書がそうできていないからです。

　『み』の1課例文では「ワンさん」を出し「テレサちゃん」も出しています。「さん」と「ちゃん」の違いをこの段階での日本語だけで、どう教えるのでしょうか。1課の「会話」で「アメリカから来ました」という文がありますが、まだ「来ます」も本文で教えていないのに、はやすぎるのではないでしょうか。また、2課の会話でも「ほんの気持ちです」という表現をサントスさんが言っていますが、日本語だけでどう教えられますか。(注5)

　『手』でも「『これ・それ・あれ』の概念 (ママ) がわからないS（生徒のこと—引用者）がいたら、翻訳・文法解説の図を見せて確認させる」（P46）とありますが、これも逃げです。また、その『訳』も説明が不十分です。『み』

197

の『訳』の解説では、「これ・それ・あれ」が次のようになっています。

> 「これ、それ and あれ are demonstratives. They work as nouns. これ refers to a thing near the speaker. それ refers to a thing near the listener. あれ refers to a thing far from the speaker and the listener. (これ、それ、あれは指示代名詞です。名詞として働きます。『これ』は話し手に近いものを取り上げ、『それ』は聞き手に近いものを取り上げ、『あれ』は両者から遠いものを取り上げます)」(P22、引用者訳)

この程度のことならわざわざ英語に翻訳するほどのことではないし、それに不十分です。なぜなら、すでに本書2部「こそあど」で見たように「これ」「それ」は単に話し手に近い、聞き手に近いということではありません。これでは、「上＝on」あるいは「and＝と」と逐語訳するのと大同小異です。翻訳のメリットが生かされていません。どうせ訳すなら「『これ』は話し手が自分の領域と判断するときに『それ』は話し手が聞き手の領域にあると判断したとき使う。したがって、自分のものでも「それ」を使うことがある」ぐらい説明するべきです。あなたはそんなむずかしいことを初級の学習者に必要ないと言うかもしれませんが、もともと翻訳はいらないし、翻訳しても相手にとっては母国語だから、適切な解説をした方がいいと思います。

筆者は翻訳法には反対の立場をとっていますが、もし翻訳をするならば、日本語を正しく分析したものでなければなりません。中途半端に翻訳しても、それこそ『み』の『手』が言うように「「学習者自身の学習レベルに応じた日本語で考えるという積極性を損ない、母語や媒介語に頼る傾向を助長する恐れがある」(P18) のです。

それに『み』に翻訳があるからといって、学習者の便宜を図っているわけではないのは、次の【2】と【3】をみればわかります。再々とりあげる「ほんの気持ちです」も英訳がついていますが、「When you move house, it is polite to introduce yourself to your new neighbours and give them a small gift, such as a sope, or sweets. (引越しをしたとき、近所の人に石鹸やお菓子などを自己紹介をかねてあげるのはていねいなことです)」(P21、引用者訳) というトンチンカンな説明になっています。日本にはそうした習慣があるという説明であって、「ほんの気持ちです」の表現そのものの説明になっていません。

引越しのときかならずしもそう言うかどうかも決まっていないし、日本語を習い始めた外国人にそうした表現をすぐ教える必要があるかどうかです。

【2】『み』は認識論に基づいていないばかりか、**翻訳すればわかるという編集方針によっているため、提出順が恣意的になっている。**

それだけではなく、「**似たものを同時に一緒に出す**」という、かくれた編集方針により、学習者の理解度への配慮はありません。学習者の理解力を考慮しないで同時に似た学習項目を出してしまうのです。

1課練習C「こちらはマイク・ミラーさんです」という丁寧な言い方が「こちらは～です」という場所の言い方より先に出ています。

3課例文2で「お手洗いはどこですか」、4で「エレベーターはどちらですか」という似たような文が出ています。なぜ「お手洗い」が「どこ」で、「エレベーター」が「どちら」なのでしょうか。この課では「ここ・そこ・あそこ・どこ」の系列と「こちら・そちら・あちら・どちら」の系列の二つが出ています。『手』には「『こちら／そちら／あちら』は**方向を表す指示詞である。『ここ／そこ／あそこ』の代わりにも使われ、その場合、より丁寧な気持ちが表される**」(P55)とありますが、分析が甘すぎます。方向を表すのなら、なぜ1課の会話で「こちらはマイク・ミラーさんです」という文を先に出しているのでしょうか。また、なぜ「こちら・そちら・あちら」の系列の方がなぜ丁寧なのかの説明もありません。練習ページでは二つの系列が混ざって練習させています。混乱のもとです。

4課の文型で2「わたしは9時から5時まで働きます」と3「わたしは朝6時に起きます」が同時に、しかも「から～まで」が先に出ているので、10年たっても「日曜日8時から起きます」という言い方のクセから抜けられない学習者もいます。人は最初に覚えたものを記憶しているのですね。

6課文型の3「いっしょに神戸に行きませんか」4「ちょっと休みましょうか」というように似たものを同時に出していますが、どっちか一つで十分でしょう。『訳』の6課に「〔Note〕An invitation using V ませんか shows more consideration to the listener's will than that using V ましょう (『～ませんか』の方が『～ましょう』より聞き手に配慮している)」(P47、引用者訳)とありますが、そんな解説するよりも違いがはっきりしない二つ表現を同時に出さない方がいいのではないでしょうか。まだ、6課ですよ。

この課で「〜ましょう」は練習B・Cと問題には出てきません。ところが、14課で勧誘ではない疑問の「窓を開けましょうか」が出てくるから、ここで「〜ましょう」の変形練習をたくさんしています。8課も離れているのにおかしいですね。そんなに「〜ましょう」を丁寧に教える必要があるのでしょうか。そう思いませんか。

　このような特出し、おっと失礼。大盛り・特盛りまだまだ続きます。**7課**では「かします→かります」のペアが出ています。日本語は同じ一つの行為を二つの異なった動詞で表現します。つまり、日本語は同じ行為をどっちの立場に立つかによって異なった動詞を使い分けいるのです。けれども、中国語のように「かします」も「かります」も一つの「借」という動詞で表現する言語もあります。当然外国人学習者には習得困難、誤答の発生率が高いところです。

　それにも懲りず、さらに「あげます→もらいます」も出てきます。これも「かします・かります」同じように話し手（旧所有者は新しい所有者にあるものを譲渡する）がどちらの立場によって二つの動詞を使い分ける表現です。ですから「かります・かります」「あげます。もらいます」を同時に出すことによって、この使い分けを教えようとしているのかもしれませんが、初級前半の7課でこのような使い分けをする動詞を早々(はやばや)と出す意図がわかりません。学習者にはとてもむずかしいからです。対比で教えようとしているのでしょうが、そのもくろみは成功しているようには見えません。誤答率が高くなったら、やっぱり学習者の頭もせいにするつもりなんでしょうか。

　「恐怖の二個出し」は続きます。次の8課では「い形容詞とな形容詞」が同時に、しかも、「な形容詞」が先に出ています。「い形容詞」の否定形は「〜くないです」を出す一方、「な形容詞」の否定形は「じゃありません」となっています。この課ではなく、全体を見ればい形容詞の否定形を「〜くありません」とした方がいいのではありませんか。

　「〜します」い形容詞：〜くします
　　　　　　な形容詞：〜にします
　「〜なります」い形容詞：〜くなります
　　　　　　　な形容詞：〜になります
　「否定形」も　い形容詞：〜くありません
　　　　　　　な形容詞：〜ではありません

それに、「名詞＋です」の否定形も「名詞ではありません」となって、そろうかと思います。12課で「い形容詞」の過去形は「あつい→あつかったです」を出しています。「あつかったです」は「あつくあったです」の「くあ」が音声的に変化して「か」になったことを考えれば、「ある系」を使って「あつくなかった」より「あつくありませんでした」を先に出すべきだと思います。

　同じ8課例文6には「どんな映画ですか。『七人の侍』です」というやり取りが出ています。「どんな」という疑問詞は、①ここにない対象の属性を聞く場合②内容を聞く場合の二つの使い方をしますが、①の方を先に教えた方がいいし、②を先に教えると①の「あなたの家はどんな家ですか→古い家です」ようなやりとりが入りにくくなるでしょう。練習ページでは①と②混ぜて練習させているばかりでなく、「日本の地下鉄はどうですか。便利です。そして、きれいです」という言い方も出し、「どんな」とほとんど同じような場面でのやり取りを練習させています。そして9課の例文でも「どんなスポーツが好きですか。サッカーが好きです」というやりとりをのせています。『手』の留意点に「『どうですか』と『どんなNですか』の用法が混同されやすい」（P107）とありますが、混同されやすいのなら、それぞれ離して別々に教えればいいのではありませんか。これでは、けんかする犬と猫を同じ箱に入れるようなものです。同課問題4の3でも「勉強は（どんな）ですか。おもしろいです」「あなたのかばんは（どんな）ですか。…あれです」というやりとりも不自然です。

　9課練習Aの4と5では「やくそくがあります、ようじがあります、しごとがあります」という学習項目を練習するようになっています。次の10課文型2の「机の上に写真があります」という文より先に出ています。これは「具体的なもの→抽象的へ」「ここにあるものからないものへ」「見えるものから見えないもの」という提出順の重大な反則です。

　10課は「本は机の上にあります」という表現と「机の上に本があります」が同時に出ています。「本はどこにあります」かの返答として、「机の上に本があります」は「机の上に**なに**がありますか」の返答として使うわけだから、この二つはもともと異なった表現なのです。それをいっしょに出すことは混乱をまねくことになりかねないし、「は」と「が」の対立を際立たせること

にもなります。百害あって一利なしです。それと、この本では「存在表現」の出が遅いのではないでしょうか。

また同課では「〜が〜」が「けれども」より先に出ています。『み』では「けれども」は正式には出てきません。20課の例文の5で「うん、辛いけど、おいしい」の普通体（俗体？）として出てきますが、出し方が問題だし、これまた練習もありません。

14課の例文の2に「もう少し大きいのはありませんという」という文が出てきますが、この「の」は形式名詞の「の」で「シャツ」のことを指しています。『訳』でも説明していないから、その重要性に気づいていないのかもしれません。「て」形に目を奪われて（？）練習ページにもありません。文字どおり手一杯だったのでしょうか、『手』にも説明がありません。最後に気がついたのか巻末の「助詞のまとめ」（P216）に助詞として出ています。しかし、これは助詞ではなく「形式名詞」なのです（第2部11章参照）。

また、この課では個人的依頼の「〜ください」という表現が出てきますが、対の否定形「〜ないでください」は仲を裂かれて（？）3課あとの17課にまわされ、その間に先に15課で「〜てはいけません」が出てきます。そして17課でまたもどって個人的依頼表現の否定形が出てくるということになっています。結果として『み』は「〜ないでください」と「〜てはいけません」を混同して教えることになってしまいました。図示しましょう。

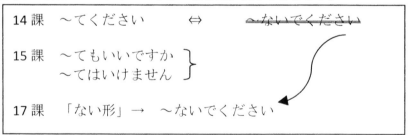

15課の練習Bの2の例は「ここでたばこを吸ってはいけません」という文とたばこの禁止マークがのっています。ところが、17課の練習Bの2の例でも「禁煙ですから、たばこを吸わないでください」と同じような状況で練習させています。なぜこういうことになるかと言うと、『み』の編纂者が形式を優先させて、中身（使い方）を後回しにするからです。つまり、14課では「ない形」が出ていないため、「〜ないでください」は出せません。17課で

「ない形」が出るので、それにつられて「〜ないでください」を出したわけです。

　16課で「〜て・〜てから」が同時に出てきます。これも似ている表現です。本文であげている例文はほとんど「〜て」で十分だと思いますが、無理して同時に出す必要はまったくありません。例文に1に「図書館に行って、本を借りて、それから友達に会います」と「それから」も出ているわけだから、「〜てから」を出さなくても「〜て、それから〜」という言い方でも十分いいと思います（第2部9章参照）。

　17課の文型2でも「パスポートを見せなければなりません（見せないといけません）」とあります。二つ見せないといけないという編集方針から、二つ似た表現を出してしまいました。「見せなければなりません」と「見せないといけません」とは異なった言い方だし、作り方から言っても前者が「ばの形」、後者が「と」に接続させて作ります。『み』では「と」が正式に出てくるのは23課で、否定形の「〜ないと」の言い方もあえてここで出す必要がまったくないのです。

　ところが、21課でいつも一言(ひとこと)多いサントスが「もう帰らないと……」と言いさしをしています。「もう帰らないと叱られるか。電車がなくなるか」わかりませんが、『訳』は17課で「チラ見せ」をしたのが、気になっていたのでしょう。21課の「Vない-form ないと……」の最後に「Vない-form ないといけません is similar to V Vない-form なければなりません（「〜ないといけません」は「〜なければなりません」と似ている）」(P137)と説明だけしていて、本文では練習しません。翻訳に丸投げしないで、本文で練習しないといけませんよ！　これまたわかりにくいので、図示しましょう。

```
17課　「ない形」→　見せなければなりません
　　　　　　　　　　見せないといけません（チラ見せ）
21課　会話　サントス「もう帰らないと……」
　　　　　　『訳』「〜ないといけません」の説明あり
23課　「と」→このボタンを押すと、お釣りが出ます
　　　　　　否定形「〜ないと〜」は未提出
```

　この「〜いけません」と「〜なくてはいけない」は『文型』でも取り上げています。「『〜てはいけません』は『禁止を表す』」(P263)、「『〜なくては

いけない』は（中略）そうする（である）ことが『義務だ』『必要だ』という意味を表す」(P381) と説明しています。

　この二つの表現は、もともと「だめ」「悪い」という意味の「いけない」をもとにして作られた表現です。したがって、「〜てはいけない」は「そうすることはよくない」とか「そうしてはだめです」という禁止の意味で使い、「〜なくてはいけません」の方も二重否定の形にすることにより、「〜した方がいいです」という意味で使っています。

　以前、筆者はラジオの「老人ホーム」のインタビューでアナウンサーが「90歳のおばあさん、もっと長生きしていろんなものをみてってもらわない**といけません**」と言っているのを聞いたことがあります。このように「〜ないといけません」は**個人的な意見**で「〜した方がいい」という意味で使っていることがわかります。これに対して「〜なければなりません」の表現は義務表現だということです。二つの表現はまったく異なった言い方なのです。

　17課は、本来ならば「ばの形」の肯定形の「あなたが帰れば、わたしも帰ります」という言い方を十分練習してから、否定形の「あなたが帰ら**なければ**、お母さんが心配します」を練習し、次に「帰らなければなりません」を学んだ方が学習者には楽なのではありませんか。『み』では「ないの形（ない形）」が出たので、その表現の延長としてやっていますが、認識論からみれば「帰らなければ（―）事態がゆるされない→なりません（―）」というとらえ方が順当だから、「ばの形」の肯定形を先に教えるべきでしょう。

　21課の文型では「〜と思います」と「〜と言いました」の二つの表現が同時に出て、例文ではさらに「〜と言います」「〜でしょう」の二つが追加されています。『み』では似た表現は全部いっしょに出そうという編集方針ですからね。

　その四つの中で「〜と言います」と「〜と言いました」ですが、『手』には次のように書いてあります。

　　「文」（直接引用）　⎫
　　普通形（間接引用）　⎬ ＋と言います

　この文型は人が言ったことを引用して述べるのに用いられる。引用のしかたには①「食事のまえに、『いただきます』と言います」のように言ったとおりに直接引用する場合と、②「首相は来月アメリカへ行くと言いました」のように間接的に引用する場合がある。後者の場合発話内容を普通形に変え

て引用する（P207）

『文型』の「いう」の説明（P18）も同じような説明になっていますが、誰がこんな説を言い出したのでしょうか。『文型』1の例文（2）「道子さんは『すぐ行きます』と言いました」が「直接引用」。例文（3）「道子さんはすぐ行くと言いました」が「間接引用」と言っています。そして「間接的に引用するときは文体を普通体にする」と解説しています。

ここでの問題点は「～と言う」という表現が①かならずしも引用で使われるのではないこと②文章の場合「　　」でくくれば、直接引用だということがわかりますが、会話のときはどうなのかということです。引用符号は関係ありません。

「日本語で食べるときいただきますと言います」という言い方は、引用ではなくそういう決まった表現をするということです。「言う」が個人の発話ではなく、不特定多数の人がそう言うという意味です。一方、「かれは箸をとると、いただきますと言いました」は直接・間接関係なく決まったあいさつを言っただけです。間接引用だったら「いただきます→いただく」と普通体になおすのですか。日本語の「話法」はゆれているのです。男性の言い方なら「子どものころ僕は父にたばこをかってきてくれと言われた」でしょうが、「母は私に夜遅くかえってはいけませんと言った」は「母は私に夜遅くかえってはいけないと言った」になおすべきでしょうか。

また、「～と言う」と「～と言った」は異なる表現です。次の文をよく検討すればわかります。

（1）これは日本語でペンと言います。
（2）彼はこれは私のペンだと言いました。

（1）は不特定多数の人、この場合日本人がそう言うのだという意味で、（2）は彼の個人的発話を引用している使い方で、この場合断定の助動詞「だ」が必要です。

せっかく、この課の例文の6で「『いただきます』と言います」を出していながら、この言い方（直接引用）の練習を本文ではまったく取り上げていません。この「日本語で～と言います」「日本人は～と言います」は、よく使う便利な表現なのですが、もったいないですね。えっ、教科書になくても必要ならやってますですって！それなら教科書を使う意味がありませんね。たぶん、7課例文「"Goodbye"は日本語で何ですか」を出してしまったから

でしょうか。もっとも、この言い方は「"Goodbye"は日本語で何と言いますか」の方が適切な言い方だと思います。

本文にないものといえば、この課の練習Bの7に突然次のような練習が出てきます。

　　例2：そのカメラは高かったでしょう？（いいえ）
　　→　いいえ、そんなに高くなかったです。

本文にない「そんなに〜ない」という表現が出てきて、練習させていますが、それだったら、文型・例文に正式に登録するべきでしょう。まったく、この教科書は学習項目が神出鬼没です！　しかも、『手』の説明には「そんなに…第8課の『あまり』と同様、否定形とともに用いられる」（P209）とあります。「そんなに〜ない」は「相手の予想したことを否定する」という使い方があまりわかっていないから、「あまり〜ない」と同じような意味にしてしまいました。

23課では「とき」とまったく異質の「と」も同じ課に同時に出ています。しかも「〜とき」は次の四つの使い方を同時に出しています。

　1．〜辞書形＋とき〜現在形：「文型」1　本を借りるとき、カードが要ります。
　2．〜辞書形＋とき〜過去形：問題5の1）うちを出るとき、電気を消しませんでした。
　3．〜た形＋〜過去形：練習A　2．会社に来たとき、社長に会いました。
　4．〜た形＋〜現在形：例文4　国に帰ったとき、買います。
　　練習2　うちに帰ったとき、「ただいま」と言います。

これは一体どうしたことでしょうか。「〜とき〜」だけ教えれば、接続する動詞の時制、文末の時制はどうでもいいのでしょうか。このうち特に問題なのは、2番と4番です。問題5の1）は過去の文脈で「出る」を未完了の意味で、練習2の文は、過去の意味ではなく、その行為が完了したという意味で使っています。この課で「た形」に「過去」の意味ではない「完了」の意味もあることを教えようとしているのでしょうが、無謀です。無茶です。早すぎます。まず、順序としては1と3（本当は別々に教えてほしいのですが）を十分学んでから、もっと先で2番と4番をやるべきでしょう。

それだけでなく、さらに「と」を出し、それも異なった二つの使い方をまぜています。これこそまさしくチャンポンです。

1．このつまみを右に回すと、大きくなります。
 2．まっすぐ行くと、左にあります。(発見の「と」の用法に近い)
これをたった4時間で全部やらなければならいんですぞ！
　まだまだ「恐怖の二個出し」は続きます。25課では「たら・ても」が同時に出ています。この「たら」の出し方には次の三つ問題があります。
　①「たら」は、通説では助動詞の「た」の仮定形で、「過去形から」ではありません。
　②次のような（1）と（2）は区別する必要があるのでしょうか。
　　（1）ら　　練習A 2．雨がふったら、行きません。
　　　　　　　　　　　やすかったら、あの店で買います。
　　（2）たら　　　　3．10時になったら、出かけましょう。
　　　　　　　　　　　うちへ帰ったら、すぐシャワーを浴びます。
　『手』には（1）を「この文型は仮定条件を表す」(P231)（2）を確定条件と分けて説明をしていますが、普通「確定条件」は『文形』で説明しているように「…たら…た」(P208)と後ろに過去形が来ます。
　第2部で見たきた通り、組み合わせによって違いがあるように錯覚しているだけだから、そんな区別をこの段階で学習者に強いることはないと思います。
　③「ば」より先に出ている：これは「e列段」を後回しにした結果起きたことです。「ば」が話し手が現在に立場でことがらをとらえているのに対し、「たら」は話し手が完了したとらえるところまで観念的に移行しているのだから、「ば」を先に教えるべきです（第2部12章参照）。
　また、「たら」と「ても」を同時に出しても、次のような違いが学習者にやさしい日本語で説明できるのでしょうか。
　　（3）行ったら、いなかった。
　　（4）行っても、いなかった。

【3】『み』は学習者の記憶力に配慮していない
　『み』にも『手』にも書いていませんが、あきらかにこの教科書は**複数の学習項目を同時に出す編集方針**で作られています。結果として「一度に出しすぎ、たくさん出しすぎ」になります。これでは同時多発テロと言ってもいいくらいで、まったく学習者の理解力・記憶力を配慮していません。

学習者は4課で「はたらきます・おきます・ねます・べんきょうします」という動詞を習ったと思ったら、すぐ「現在形・否定形・過去形・否定過去形」の変化を一気に覚えなければならないのです。

　6課では5課に三つの動詞しか出さなかった反省（？）から「のみます・かいます・やすみます・（たばこを）すいます・たべます・みます・あいます・します」の八つ、練習ページでさらに「ききます・よみます・（しゃしんを）とります・かきます」の四つが追加されて、計12個の動詞の登場です。けれども、言語活動で大切な「話します」は14課（！）まで出てきません。「（たばこを）すいます・（しゃしんを）とります」は早すぎるような気がします。「会います」も助詞「に」をとる動詞ですから、別々に出し、出すとき「タクシーにのります・部屋に入ります」といっしょに出してほしいですね。しかも、この課では「～せんか」「～ましょう」という言い方も出てきます。まさに特盛りの課です。この12個の動詞を「現在形・否定形・過去形・否定過去形」の四つと「～せんか」「～ましょう」の二つを加えた六つの形に変化させると、12×6＝72通りの活用を練習しなければならないのです。嗚呼！

　こういうふうに一度にドカッとたくさん出すのを「ドカ出し」と名づけましょう。

　10課でも「場所のことば」を例文・会話・練習ページあわせて「うえ、した、まえ、みぎ、おく（奥）、なか、のちかく、となり、あいだ、ひだり、うしろ、2段目」と12種類出ています。これも「ドカ出し」です。これを短時間で覚え、使えるようになるのでしょうか。それに「のちかく、となり」を早く出すと、「よこ、そば」が入りにくくなるでしょう。『手』ではさすがに気がとがめるのか、「新出語として提出される1課あたりの語彙の数は**少なくないので、学習時間や期間などに制限のある短期集中コースでは、学習者に応じ語彙のページの中で『覚えなくてもいい語』の種分けをしてもいい**」（P11、太字は引用者）とことわっています。そんなことを言われても、経験の少ない教師はどれを先に教え、どれを教えなくていいのか迷ってしまいます。

　「2段目」の「目」も簡単に出していますが、「～目」は序数の言い方なので、「一つ目、二つ目……」という練習を別なところで単独でしたいところです。

この課では12個の「場所のことば」が出ているから、一つの語の練習に10分かけたとすると、単純計算で12×練習時間10分＝120分（2時間）かかることになります。『手』には「学習時間は、最低100時間から150時間を想定している。1課あたり平均4時間、25課の学習に最低100時間が必要であろう」(P6)とあります。そうすると、『み』は1課8ページの構成になっているから、機械的に割ると、1時間で2ページ、30分で1ページの配分になります。『手』にはこのあと、もっと恐ろしいことが書いてあります。「しかし、場合によっては総学習時間が100時間を切ることもあるだろうし、1回の学習時間が3時間はおろか2時間に満たない場合もあるだろう。そのような場合でも（中略）柔軟な対応ができるだろう」(P7)。柔軟な対応って、10課を全部2時間でやれって、無茶ですよ。だいち授業時間というものは前後に復習する時間（5分～10分程度）に割くのは実践したものなら、誰でも知っていることです。ですから、実際は100分ぐらいしかありませんよ。
　前述した松宮弥平は「それで、この『無理をしない』ということの中には三個の内容が含まれている。その一はなんであるかといえば、程度を考えることである（中略）それから次に急速を避けることである」(P40～P43)と書いています。
　したがって、かしこい人なら、この課の学習項目を減らすことを考えるでしょう。この段階でははやい「奥、のちかく、あいだ、うしろ、～目」などは数ヶ月たってからでもおそくありません。**学習者が覚えないで、先に行く方が悪いことです。**どうしてこのようなことが起こってしまうのでしょうか。それは『み』の編集方針で、同じ課に同じような学習項目を出せば、教科書が整理されていると思っている大誤解から大盛り・特盛り・「ドカ出し」になってしまうのですが、これはまったく学習者のことを考えていないからです。かわいそうなのは学習者ですが、これで習った学習者が教師になったとき、自分の痛みを忘れてまた『み』を使ってしまうのです。鮭が生まれた同じ河にもどるようです。そして悲劇は繰り返されます。
　大盛り・特盛りはさらに続きます。次の11課では「和語の『いくつ（一つ～十）』の数詞、助数詞の『枚数、人数、回数、～週間、～時間、～か月、～年、～台数（練習）』」というようにまさに前課同様出し放題。「ドカ出し」そのものです。そのほかに「家族：両親・姉・兄、お兄さん・お姉さん」も出てきます。

この課では「**負の干渉**」（前章参照）が多発することが予想されます。「枚数」の数え方で「よんまい」を習ったあと、人数では「よにん」ではなく「よんにん」と間違え、時間を習ったら、「よんじ」と言ってしまうかもしれません。人数のところで「ななにん」と教えられたとき、すでに「七人の侍」（8課）で「しちにん」が「どんな」の返事として出ているから、その違いの説明を求められるかもしれません。時間のところでは「九時間」を「九時間」と言ってしまうかもしれません。ここでかなり時間がかかることが予想されます。

　100年前ドイツ人の心理学者エビングハウスが記号を使った実験で「記憶と忘却」について研究したことは有名ですが、1時間たつと、なんと半分以上忘れているのです。それは単なる記号だからと思う人も多いと思います。けれども、意味があるものは、かえって「負の干渉」を起こすので、忘却というより誤答率が高くなります。機械的に暗記しなければならない数詞や助数詞は初級前半に出すことが望ましいのですが、一度にたくさん出してはいけません。漆塗りのように薄く何回もくりかえして練習しなければならないし、提出にも工夫をこらして教えなければなりません。たとえば、三桁の数詞をやってから、『み』が出していない基本の助数詞「本数」をやれば、200から900までは語頭の子音は「にひゃく→にほん、さんびゃく→さんびゃく、よんひゃく→よんほん、ごひゃく→ごほん……」というように同じだということがわかり、記憶の助けになります。教える側はつねに学習者の記憶力を考慮しなければならないのです。大盛り・特盛りはぜったい避けるべきです。

　20課では丁寧形を普通形の変える練習をしています。見てください。動詞・例外動詞・い形容詞・な形容詞・名詞文という5種類のものを一斉に普通体にするのです。単純計算で5×4＝20の形を「普通体」にするという名のもとに強制的に駆り出しています。この課も「ドカ出し」です。

　　　練習　A　丁寧形→普通形
　　　　　　動詞の現在形・否定形・過去形・過去否定
　　　　　　例外動詞の現在形・否定形・過去形・過去否定
　　　　　　い形容詞の現在形・否定形・過去形・過去否定　｝普通体
　　　　　　な形容詞の現在形・否定形・過去形・過去否定
　　　　　　名詞文の現在形・否定形・過去形・過去否定

まさに『み』の真骨頂ですね。けれども、せっかくこんなに「普通体」がでているのに、なぜ「から」の接続を「行きますから→行くから」「いました→いたから」というふうに「普通体＋から」にしないのでしょうかね。『み』は一度教えたら直さないのでしょうか。
　22課は「あの工場は自動車を作る工場です」という、いわゆる名詞修飾を教える課です。例文で出てくる名詞修飾語句を順に並べてみましょう。

　　1　撮った写真
　　2　かいた絵
　　3　着ている人
　　4　会ったところ
　　5　行ったコンサート
　　6　買った傘
　　7　広い庭があるうち
　　8　会う約束

なんだか順序がばらばらのようですね。1と2は「た形」で、3は「～ている」。4～6はまた「た形」にもどっています。7は「い形容詞」です。8は「辞書形」がきています。ところが、次の練習Aでは1では「辞書形・～ていない・た形」2では「～ている・ない・た形」、3では「ている・た形・～たい」、4では「辞書形・た形」、5では「い形容詞・辞書形」最後の6では「辞書形」という順番になっていて、これでは合宿であれこれ強制させる鬼監督のようです。まあ、これで勉強している学習者はもう免疫（？）ができ、なれっこになっているから気にしないかもしれません。
　25課に「たら」が出てきて、『み』は終美(しゅうび)を飾ります。最後らしく、ここは22課より整理された例文の出方になっています。

　　1　1億円あったら　　（動詞）
　　2　来なかったら　　（否定形）
　　3　安かったら　　（い形容詞）
　　4　無理だったら　　（な形容詞）
　　5　男の子だったら　　（名詞）

【4】『み』は一度出してすぐ消去

第三部　言語教育の展望

『み』の凡例の5には「1）文中省略できる語句は〔　〕でくくった。2）1つのものに違った表現がある場合はそれを（　）でくくった」と書いてあります。省略できるというのは一見親切のようですが、情報としては二つ出しているわけだから、ここでも学習者が迷うことになります。また、異なった表現というのも二つ出すことだから、ここもどっちか迷ってしまいます。
　実際に見てみましょう。
　　1課の文型　サントスさんは学生じゃありません。
　　　　　　　　　　　　　　（では）
　これは「サントスさんは学生じゃありません」と言ってもいいし、「サントスさんは学生ではありません」と言ってもいいことを意味しているわけです。学習者は二つのことを同時に教えられていますが、二つ同時に言えないから、教科書、あるいは教師の指示にしたがってどちら一つを覚えることになります。『み』がここで教えたいのは「サントスさんは学生じゃありません」だということは、次の例文2で「いいえ、〔わたしは〕学生じゃありません」という文が出ているから、「じゃ」だということがわかります。本命は「じゃ」なのです。じゃ、なぜ二つ出すのでしょうか。「サントスさんは学生ではありません」を使ってはいけないのでしょうか。これはすでに見てきたように『み』の「似たものは同時に出す」というから来る編集方針から来ているのです。チラッと見せるのを本命に対して「チラ見せ」と名づけましょう。
　今あげた例文2でも「いいえ、〔わたしは〕学生じゃありません」となっているから、これも「いいえ、わたしは学生じゃありません」と「いいえ、学生じゃありません」と両方可能だと言っているわけです。では、どっちが本命なのでしょうか。次のページの練習A1を見てみると、「わたしはマイク・ミラーです」という文があるから、「わたし」をつけた言い方「いいえ、わたしは学生じゃありません」の方が本命だということがわかります。それなら、「いいえ、〔わたしは〕学生じゃありません」としなければいいようですが、それはこの『み』たるゆえんで、できるだけ使われている日本語を自然な言い方を出そうという親切心からだと思います。しかし、この親切心は学習者にとっては仇（あだ）となります。一つには、二人いる会話では「わたし」「あなた」を省略しても、三人いる場合は誰が誰に言っているのかあいまいになってきます。また、どっちでも言える二つの表現を同時に教えるのは記

憶という点でも、余計な負担をかける、あるいは記憶がぶれる可能性があります。初級では完全文を言わせ、じょじょに短くするのがいいと思います。なぜなら、短いものを覚えたものはなかなか長くできません。『み』では、この「チラ見せ」が多く見られます。

　同じ課の練習A「あの人（方）」では「あの方」が本命であることは、練習Bの6で「例→あの方はどなたですか」と言わせる練習があるからわかります。「あの人」が「チラ見せ」です。以下同様に「だれ（どなた）、なんさい（おいくつ）」も（　　　）に入っている方が本命で、外に出ている方が「チラ見せ」です。2課になると、問題3の4の1）では「どなた、なんさい」2）では「だれ」というように本命と「チラ見せ」がくんずほぐれつの争いをしています。

　2課では、文型の3で「それはわたしの傘です」、4ですぐ「この傘はわたしのです」という表現がいっしょに出ています。練習ページで両方練習させていますが、「わたしのです」の方が本命のようです。ところが、5課の問題4の例に「これは（だれ）のノートですか」として再登場しています。

　3課例文の5で「〔お〕国はどちらですか」とありますが、これは「お国」が本命で、「お」がつかない「国」が「チラ見せ」だと思ったら、5課の練習Cと復習A3で「お国はどちらです」として出てきます。それなら「お国」として教えたらいいと思いますが……。おっと言いさしでしたね。「お」をつけるのがお好きだと思ったら、6課問題5では「お花見」ではなく「花見」で出ています。

　5課の例文「どこ[へ]も行きません」は、練習Bの5と問題ページの4に「どこも行きません」とあるから、「へ」をつけない方が本命ということになります。すると疑問文が「どこへ」となっているのに、否定文が「どこも」となるというふうに、どうもやりとりがいびつなような気がします。同じ課の練習Aも「にちようび[に]」という表記になっていますが、どっちなんでしょうか。練習ページを見ると、「に」をつけた練習だけさせているようです。それなら正々堂々と「にちようびに」一本にすればいいと思いますが……。おっと、また言いさし文にしてしまいました。

　「本命」と「チラ見せ」の抗争はまだまだ続きます。7課の文型3には「わたしはカリナさんにチョコレートをもらいました。
　　　　　　　（から）　　　　　　」とあります。

もちろん本命は「に」です。「から」は「チラ見せ」で、親切心から出して見せただけです。
　8課で「な形容詞・い形容詞」の否定形の例文2は次のようになっています。
　いいえ、あまりきれいじゃありません。
　　　　　　　（では）
では、そんなに「チラ見せ」がお好きなら「い形容詞」の否定形でも次のように「〜くありません」も「チラ見せ」にしてもよさそうですが、なぜかしていません。
　いいえ、あまりよくないです。
　　　　　（よくありません）
　10課の例文に「古い手紙や写真〔など〕があります」とあり、「など」が「チラ見せ」です。23課の練習Cで「ネクタイやかばんなどですね」とチラッと出てきます。同課のコラムでも「中国から漢字や政治のし方や町の造り方などを習いました」などと使われています。ところが、24課のコラムでは「そして、パンやお菓子を作ってくれます」と「など」が消えています。「など」は出番があったりなかったりたりして戸惑っています。
　12課の例文「日本料理〔の中で〕何がいちばん好きですか」も〔の中〕が「チラ見せ」です。けれども、厳密に言うと、抽象的なものを話題にするときは、「作家の中で誰が一番好きですか」のようなときは、「の中」がはずせません。
　13課の文型1では「わたしはパソコンがほしいです」を出し、2では「わたしはてんぷらを食べたいです」を出しています。
　　　　　　（が）
　もちろん、「を」が本命で、「が」は「チラ見せ」ですが、1で「〜がほしい」がでているのだから、「が」で統一すれば学習者は学びやすいと思います。事実、次の会話ではミラーさんが「きょうは日本料理が食べたいですね」と本音を言っています。練習A2では「わたしはカメラをかいたいです」ともどっているから、やっぱり「を」が本命なんですね。
　20課では「普通体」と称して次のようなやり取りを練習させていますが、こんな日本語を外国人に教える必要があるのでしょうか。もう説明は必要ないでしょう。

例文1．アイスクリーム〔を〕食べる？
　　2．そこにはさみ〔が〕ある？
　　3．今暇？
　　　うん。ううん　暇。何？
　　4．みんなで京都〔へ〕行かない？
　　5．そのカレーライス〔は〕おいしい？
　　7．辞書〔を〕持って〔い〕る
　　　ううん、持って〔い〕ない　｝おかしい

どんな外国人が使うのか？

【5】『み』は編集が不統一

　『み』は全体にわたって編集が不統一なのは見てきたとおりですが、ここでは、特に「丁寧体」と「普通体」の出し方がどうなっているか見てみましょう。

　『手』の編集方針「5．丁寧体と普通体」のところで「(前略) 基本的には『です、ます』の『丁寧体』を使い、『丁寧体』の運用力がついたところ時点で、文末に『普通形』が用いられる『普通体』を扱っている」(P5) と書いてあります。

　しかし、実際は1課文型で「じゃ」が本命で、丁寧体の「では」が「チラ見せ」だから、たちまち趣旨を裏切っています。『手』では「『じゃありません』は『です』の否定形である。これは、日常の会話で用いられる形であり、フォーマルなスピーチや書きことばでは『ではありません』が用いられる」(P39、傍点は引用者) と苦しい説明をしています。これではまったく「看板に偽りあり」です。

　2課会話でサントスが「あのう、これ、ほんの気持ちです」と言っていますが、だいたい「これは〜です」を習ったばかりの学習者が「これ、ほんの気持ちです」だけ言えても会話が続かないでしょう (【2】参照)。実際に「これは〜です」も言えない外国人に「ほんの気持ちです」と言われたら気持ち悪いです。この表現はあまり下の立場の人が上の立場の人に使わないでしょう。もし、外国人研修生が研修先の上司にこんなことを言ったら「生意気」だと思われかねません。ところが、こんなに丁寧な日本語を話すサントスさんも別なところで「どうも」と乱暴に言い切っています (5課・会話)。駅員にも道を聞いた日本人にも「どうも」を乱発しているのはなぜでしょう

かね。
　同じ課の練習Cの3で「A：あのう、これ、ほんの気持ちです。B：どうも……。何ですか。A：コーヒーです。どうぞ。」というやり取りが出ていて、コーヒーを他の物に変える練習をさせていますが、まだ2課の学習者には「どうも……」という「言いさし」の表現をこの段階で習わせる必要がないと思います。10課の練習Cでも1〜3まで「どうも」の目白押しです。丁寧さと乱暴な言い方を同時に教えるのはアクセルとブレーキを同時に踏むようなおろかなことです。いびつな日本語を話す外国人をつくるのは誰のせいでしょうか。
　3課は分裂症気味です。例文2「お手洗いはどこですか」と3「山田さんはどこですか」と対等（？）に扱っていて「どこですか」と言っていますが、例文4では「エレベーターはどちらですか」と丁寧体になっています。
　『手』で「『どこ』は場所、『どちら』は方向を尋ねる疑問詞である」（P55）と言っていますが、実際は「〜の国はどちらですか」「あなたの会社はどちらですか」の練習を主にやっているのに矛盾しています。「ここ」と「こちら」の違いは「丁寧」かどうかぐらいしか思いつかないのでしょう。
　8課でも　「いいえ、あまりきれいじゃありません
　　　　　　　　　　　　　　　（では）　　　　　」
となっていて他の課同様です。
　会話でマリア・サントス（サントスの奥さん）が「いいえ、けっこうです」と言っていますが、さすがサントスの奥さんだけあります。「けっこう」を出すと、この言葉は外国人にとって悪魔の言葉と言っている浅田先生（『敬語』p254）に叱られますよ。でも、この教科書にはぴったりかもしれません。
　13課でも「〜たいです」の否定形「〜たくないです」が出てきますが、例によって「〜たくありません」の方は出てきません。『み』では「〜くありません」を徹底的に嫌っています。
　同課の会話で最初店の人は「ご注文は？」と乱暴に言っているのに、あとで「1,680円でございます」と丁寧な言い方になっています。きっと高いものを食べてくれた上客だったからなんでしょう。
　14課の例文6「佐藤さんはどこですか」のように「〜どこですか」を多用していますが、丁寧さから言うと、「佐藤さんはどこにいますか」の方がいいと思います。

20課では前述したように「丁寧形から普通形」にする練習をさせています。けれども、一向に「行きますから→行ったから」「さむいですから→さむいから」と普通体にしません。その理由はその方が丁寧だからと思っているのでしょうが、21課に「～と思います」「～と言います」が出ると、こんどはその「その前には『ます形』がこない」という文法的制約によって、「あした雨が降りますと思います」ではなく「雨が降ると思います」（文型）となり、「むだなコピーが多いですと言いました」ではなく「むだなコピーが多いと言いました」（例文）となっています。ですから、練習も次のようなバランスの悪い文を言わせるようになっています。
　3．2）鈴木さんは英語ができますか。
　　　　ええ、（できる）と思います。アメリカに3年いましたから。
　　4）田中さんがいませんね。
　　　　かばんが**ありません**から、もううちへ（**帰った**）と思います。
　こういう矛盾を抱えながら、教える教師も大変ですね。

【6】初級で必要な学習項目が抜けている・十分な練習をさせていないものが多い

　1課で「あなた・わたし」を教えているくせに、「かれ・かのじょ・かれら」が本文では出ていません。『訳』には出ていますが、本文にないので練習もありません。これでは三人称がうまく使えるようにならないでしょう。『訳』に出しても本文で出さないと、十分練習させることができないからです。それとも、『訳』に出しておけば自動的に学習者の頭に入ると思っているのでしょうか。
　2課例文4に「Aですか。Bですか」という言い方が出ているけれども、「わたしは毎朝コーヒーかお茶を飲みます」というAかB」の言い方は「み」ではついに出てきません。初級では「わたしは毎日1時間か2時間勉強します」というように結構使うと思います。
　5課で移動を表す動詞といっしょに助詞「へ」が出てきます。文型1「わたしは京都へ行きます」となっていますが、これも「に」を「チラ見せ」としてもよさそうです。
　わたしは京都へ行きます。
　　　　　（に）

第三部　言語教育の展望

　『み』にはいろいろな「に」が出てくるけれども、方向・移動を表す「に」は出てきません。20課練習Cの3「①カラオケに行きます」とあるけれども、これはカラオケ屋のことではなく、目的の意味で使っているのでしょうか。方向・移動の「に」をまったく無視しています。

　7課で「お母さん・お父さん」は出てきますが、「あなたのお父さん→わたしの父、あなたのお母さん→母」という言い換え練習をどこでもやっていません。そのため20歳すぎた学習者でも「私のお父さん」と言えても「私の父」とまだ、ちゃんと言えません。

　また、例文7に「いいえ、まだです」とありますが、この「まだです」というのはどういう使い方をする表現でしょうか。『手』に「『もう』はすでに行為や物事が完了しているという意味で、動詞と組み合わせて用いる。『もうVましたか』という質問に対する肯定の答えは、『はい、もうVました』、否定の答えは『いいえ、まだです』の形で扱う」(P97) とありますが、否定の答えとしては「①いいえ、まだ～ていません②まだ～ません③まだです」の三つあって、どれも等しく教えなければなりません（第二部7章参照）。『み』の練習B7の3の「ミラーさんは帰ります（いいえ）→　　　　」は「まだです」と答えさせる問題ですが、あきらかに「まだ帰りません」の方が適切だと思います。また、問題の6の1)「もう大阪城へ行きましたか、いいえ、まだです。」とあります。これは、動詞を使った質問文に対して断定の助動詞を使った文で答えるものです。

　「A：ここからあそこまで何分かかりますか。B：10分です」とか「教師：机に上に何がありますか。生徒：鉛筆です」とか「教師：あなたは毎朝何時に起きますか。生徒：毎朝8時です」などのように動詞を使った質問文に対して断定の助動詞を使った文で答えるのは、多少違和感を感じるのは筆者だけでしょうか。

　「まだです」だけでは、いつまでたっても①と②の言い方にならないし、否定で答えるのが入りにくくなります（第2部8章参照）。ここは、きちんと「まだ～せん」という動詞の呼応を練習させるべきで、逃げていると思われてもしかたがないでしょう。いずれどこかで出さなければならないわけですから。なぜ出せないかは、この課では「て形」がまだ出ていないからです。出したくても、出せないのです。だから、「まだです」で代用しているわけです。逆に言うと、「もう～た。まだ～せん」の出し方がはやすぎるのです。

8課の会話では7課で出た「もう」につられてか、「もういっぱいいかがですか」という文が出ています。これは追加の「もう」です。『み』では一度出せば、もう安心するのか、同じ語の異なる使い方がどんどん出てきます。これは「すし型」がわかっていない証拠です。
　13課の練習Ｃの２に「何か飲みたいですね」、問題の３の例にも「おなかがすきましたから、何か（食べたい）です」とあります。実は、この「何か」には①「机の上に何かありますか」に対して「はい、鉛筆があります」と答える②「机の上に何かありますか」に対して「いいえ、何もありません」という否定形で答える、二つの使い方があります。『み』では②の練習が欠けています。この教科書では「机の上に何がありますか」と「机の上に何かありますか」の区別がわかっていないようです。前者は机のあるものを確定しているが、何か特定できないとき使い、後者は机の上にあるか、ないか」を聞いている表現で異なったものです。尾籠（びろう）な例文で恐縮ですが、この二つの違いがわかってもらえるでしょうか。
（１）（空港などのトイレで足だけ見える）トイレに中に誰が入っているの？
（２）（普通のトイレ）トイレの中に誰かいますか。
　同課はこのほかに「～へ～に行きます」という目的表現を習う課です。例文４に「神戸へ船を見に行きます」とあります。ところが、これと対の「～へ～に来ます」は習わせないのです。出てきません。その証拠に例文５で「日本に何の勉強に来ましたか。経済の勉強に来ました」というおかしなやりとりがあります。これはあきらかに「日本へ何の勉強をしに来ましたか。日本へ経済の勉強をしに来ました」という方が適切な文でしょう。それができないのは、「～へ～に来ます」を教えないからです。162ページの復習Ｃの２の４にも「日本へ（勉強します→　　　　）に来ます」という問題があります。この答えもやっぱり「勉強に来ます」です。
　15課例文１「写真を撮ってもいいです」と肯定形を出していながら、練習はしません。練習Ａ１では「鉛筆でかいてもいいですか」という疑問文が出ています。けれども返事にあたる「はい、かいてもいいです」という肯定文の練習は、この課に出てきません。そのかわり「ええ、いいですよ。どうぞ」で答えさせるようになっています（練習Ｂの２）。３課あとの17課の練習Ａの４「名前をかかなくてもいいです」が出てきますが、これは「かいてもいいです」の否定表現です。ということは「～てもいいです」は「ええ、

「いいですよ。どうぞ」の答えでチョン消しにしてしまったのです。16課で「～て～」は出ていますが、対の否定形「～ないで～」はついに出ないで終わってしまいました。

18課の会話で「サントス：動物の写真です。特に馬が好きです。山田：へえ、それはおもしろいですね」とありますが、山田は「おもしろそうですね」というところでしょう。「～そうです」を出す気がないから、そういう言い方をしています。「おもしろそうです」も、はやく出したらよさそうですが。

19課に「～たり～たり」が出ています。もともとこの表現は品詞によって次の四つの使い方があります。

1．V_1+V_2：パーティで飲んだり食べたりおどったりします。
2．V_1+V_1の否定形：雨が降ったり、降らなかったりします。
3．い形容詞$_1$＋い形容詞$_2$＋：おいしかったり、まずかったりします。
4．名詞$_1$（な形容詞）＋名詞$_2$（な形容詞）：電車の開くドアは右側だったり、左側だったりします。

『み』では1の「V_1+V_2」しか取り上げていないし、他の三つの練習もありません。このように『み』では一つの使い方しか出さなかったり、練習を十分させなかったりしています。なぜでしょうか。一つの理由は全部練習するには分量が多すぎると思ったからでしょうか。あるいは、当然他の三つの言い方も自動的に学習者が身につくと思ったのでしょうか。「～たり～たり」はこの段階では早すぎるのです。

18課で「話すことができます」が出ていても、『み』では「話せます・食べられます」という口語の可能形がついに出てきません。『み』は「e列段」の活用を後回しにしているから、「ば」より「たら」の方が先になり、同様に「可能形」も出てこないのです。その代用としてこの課で「辞書形」を使った「～ことができます」を「可能形」より先に出しています。けれども、この言い方は、英語で「can」を教える前に「It is possible to do.」を教えるようなものです。「～ことができます」は古い言い方で、もはや文語です。このため『み』で日本語を学ぶ学習者はせっかく学習時間を100時間もかけながら可能形が使えず、「日本語が話せない」のです。まったく残念なことです。

また、「ば」の方も17課「ない形」につられて「～なければなりません」

と、「ば」の否定形が先に出ていますが、肝心の「〜ば」の表現は出ておらず、矛盾しています。

21課例文4で「たぶん知らないと思います」と「たぶん」が出てきます。「〜でしょう」も出てきていますが、「かもしれません」は出てきません。たぶん「〜でしょう」で代用させるつもり**かもしれません**が、真相はわかりません。

同じ課の会話で松本「ちょっとビールでも飲みませんか」と「でも」が出ています。これは「AでもBでも」の言い方の一つを使って、「勧誘」の意味で使っています。「AでもBでも」あるいは「いつでも・なんでも・だれでも・どれでも」の「でも」が出ないで、「勧誘」の「でも」だけが単独に突然出てきます。「いつでも・なんでも・だれでも・どれでも」の「でも」を先に出してほしいものですが、『み』に出てきません。

また、21課例文8「7月に京都でお祭りがあるでしょう？」という文が出てきますが、この「あります」は存在の意味ではなく、開催の意味で使っています。ですから、助詞も「に」ではなく、「で」に変わっています。この練習も十分やりたいところです。しかし、『み』は語や表現の「すし型」がわかっていないから、この重要性にも気がつきません。ただ、『手』に小文字で「＊あります…ここではある事柄（行事など）が行われる意味」(P209)と遠慮がちに説明しています。もちろん練習はありません。

23課に出てくる「〜と〜」はいろいろな使い方をまぜて出しているのに、肝心の主語（S）が助詞「は」と「が」よって変わること「S_1が〜と、S_2は（が）〜」と「S_1は〜と（S_1：省略）〜」の使い分けをはっきり教えていません。

　子ども**が**泣くと、お母さん**は**ミルクをあげます。
　子ども**は**6歳になると、学校に行かなければなりません。

また、『手』で「『〜ないと、〜』はこの課では練習しない」(P221)とありますが、21課会話で「ぜひ見ないと……」とか「もう帰らないと……」とか言っているから、「〜ないと〜」を教え**ない**とまずいんじゃないんですか。

25課に「〜ても」が出ていますが、「けれども」をちゃんと導入し練習させていないのに、「ても」だけが先に登場してきます。けれども、これは「けれども→のに→くせに」の流れで左から右に行くにしたがって「逆接」の感情が強くなっていく表現です（2部7章「感情の高まり」参照）。ですか

ら、ここはなんとしても一番先に「けれども」を教え、将来教えるはずの「のに」に備えなければならないのです。

　以上、この項で述べたことは、今でも目一杯に詰め込んでいる『み』にこれ以上学習項目を増やせと言っているのではありません。日本語の分析をもっとしっかり行って、提出順と学習項目を再吟味し、初級でいるものいらないものをより分けたらいいと言っているのです。

【7】『み』は発想法がおかしい・矛盾しているところが多い

　7課の練習C「その時計、すてきですね」。12課のＢ４にも「ホテルの部屋が（とてもすてき）」とありますが、男性学習者もそう言わなければならないのでしょうか？

　9課練習Aの3に「ひらがながわかります」とありますが、「ひらがな」はじっと考えていたら、わかるものなのでしょうか。変です。同じく4に「わたしはカメラがあります」という文があります。これも「所有している」という意味なら「わたしは持っています」とするべきもの。それに10課の存在表現より先に出すと混乱します。

　同じく5に「いそがしいです　から、どこも行きません」は「いそがしいですから、どこも行きません」の文にする練習でしょうが、なぜ「いそがしいから→どこも行きません」にしないのでしょうか。「しごとがありますから」「じかんがありませんから」の方はまだ「辞書形」と「ない形」を教えていないからわかりますが、すでに教えている「い形容詞」は「です」をはずせばいいわけです。他の品詞とのバランスがわるいからそのままにしているのでしょうか。

　では、「いそがしいです」の否定形の接続は「いそがしくないですから」になるのでしょうか。残念ながら『み』には出て来ません。避けたのでしょうか。

　同課のコラム「きれいな先生にならいますから、毎日楽しいです」は発想が変です。きれいではない先生に習ったら、どうなるんですか！

　10課の例文3に「庭にだれがいますか。だれもいません。猫がいます」というやりとりが出てきますが、これもおかしいです。「だれが」といっているから、「だれもいません」で十分です。

　13課の文型3「フランスへ料理を習いに行きます」とありますが、外国人

の学習者から見て変です。日本を中心にしていません。「鎌倉に焼き物を習いに行きます」ぐらいが妥当でしょう。

　同課の練習Aの3で「けっこんしたいです→けっこんしたくないです」という練習を文字化しています。こういう変形練習は教室の口頭練習では、やるかもしれませんが、教科書にのせることでしょうか？　よほど結婚したくないようです。そうかと思うと練習Cの「1A：すみません。『おはようテレビ』ですが、今、何がいちばん欲しいですか。B：お金が欲しいです。来年結婚しますから』というやりとりがあります。レベルが低い会話ですね。[注6]

　13課の一番最後のコラムは「犬の生活」となっていて、トモという犬が擬人的に日本語で書いています。学習時間が限られているのにもかかわらず、こんな子どもっぽい文を学習する必要があるのか疑問です。

　15課の例文6に「ワンさんは独身ですか」とありますが、『み』では結婚、独身という話題が好きなようです。同課練習Aの3「わたしはけっこんしています」。練習B4の1）「ミラーさんは結婚していますか（いいえ）」。問題6「結婚します」。コラム「わたしは独身ですから、子どもがいません」。16課練習Aの4「ミラーさんはハンサムで、親切です」（この文もおかしいですが）のあとに「ミラーさんは28才で、独身です」とあります。18課例文8「いつ結婚しましたか。3年まえに結婚しました」とあります。25課の練習Bの5の4）「結婚します・名前を変えません　結婚しても名前を変えません」という文があります。問題5の2）でも「いつ結婚したいですか。（大学を出ます）という文があります。

　もうこのへんでやめましょう。とにかく独身・結婚に関する表現が多いのも『み』の特徴です。

　20課の会話に「夏休みは国に帰るの？」という文に形式名詞の「の」が使われています。『手』には「会話にある『国にかえるの？』普通体と共に用いられる『の』（疑問）の用法は、この段階では深く取り上げず、会話表現としてそのまま理解させる」（P203）とあります。指導できないなら出さなくてもいいのではありませんか。

　21課の例文「食事のまえにお祈りしますか。いいえ、しませんが、『いただきます』といいます」。いかにも無神論者の言いそうなことですね。「いいえ、しませんが、寝るまえにします」ぐらいの答えにしてほしいですね。これでは食事に飢えている人間のようです。

第三部　言語教育の展望

　同課練習Bの2)「ワットはいい先生だと思いますか」とう練習は教師の良し悪しの判断を学習者にさせる点でよくないと思います。また、3)の「犬と猫とどちらが役に立つと思いますか」という問いに「犬」と答えさせる問題がありますが、猫好きの人からクレームがつきそうです。犬でも役に立たない馬鹿な犬もいると思います。
　23課の「聖徳太子」のコラム、初級の学習者の話題としてはふさわしくないのでは？　そういえば、19課のコラムでも「葛飾北斎」が出ていました。
　25課例文8の「日本人はグループ旅行が好きですね」は偏見です。

【8】不完全な文・不適切な文の押し付け
　『手』には、この本の編集方針について「Ⅱ．主要教材の構成と内容」の②例文「主語の多用を避けるなど、実際の発話として自然な形で提出」(P7)と書いてありますが、これは大きな誤解です。教科書というものは、直接学習言語と学習者を直結するものではなく、中間に介在し、教育的配慮で作るもの（次章参照）ですから、「自然な形」ではなく教育的に制御されたものを教えるはずです。現に『み』も接続詞「から」に文を接続させる場合「きょうは子どもの誕生日ですから、早く帰ります」（9課文型）「いいえ、時間がありませんから、読みません」（同課例文）というように既習の文を「です→だ」「ありません→ない」というようにそれぞれ変化させないで、そのまま接続させています。この言い方は、不自然ですが、その方がやさしいという教育的配慮が働いたのだと思います。しかし、「から」の前に丁寧体が来るのは、書くときはある程度ゆるせても、話すときは丁寧すぎます。外国人学習者に不当に丁寧すぎる言い方を押し付けているのです。ですから、『み』で学習した学習者はいつまでもこの言い方をひきずっています。20課で普通体が出たとき、「普通体＋から」に直す練習を怠ったからです。
　また、「主語の多用を避ける」とありますが、これも学習言語を習うわけですから、当然主語をあまり抜かさない言い方を先に覚えさせ、じょじょに必要でなければ省略させたり、短縮させたりするべきです。この点、『み』の編纂者はヘレン・ケラーに言語教育を行なった「奇跡の人」サリバン先生のことばに耳を傾けるべきでしょう。サリバン先生は次のように言っています（『愛とまごころの指』ジョン・A・メーシイ編、万成滋訳、新潮文庫、P54、太字は原文）

こういう観察から、わたしはヘレンに教える場合に取るべき方法のヒントを得ました。それはわたしたちが赤ん坊の耳に話しかけるように、**ヘレンの手に話しかけること**です。わたしは、ヘレンが平常な子供とおなじ同化と模倣の能力を持つものと考え、**彼女に話しかける時、完全な文章を用いること**にします。

　2課で文型・例文で「これは～です」といういい方を習ったと思ったら、会話でたびたび登場するサントスが「あのう、これ、ほんの気持ちです」と「は」を抜かして言ってます。「は」を抜かした方がより日本語的だと思っているのでしょうか。
　6課練習Cの2の練習は次のようになっています。
　　Ａ：いつもこの店で本を買いますか。
　　Ｂ：ええ。
　　Ａ：わたしも時々ここで買います。
　　Ｂ：そうですか。
　最初のＡさんは「あなたは」を抜かして言っています。ところが次にＡさんは「わたし」をつけるかわりに今度は「本を」を抜かしています。これではいつ「人称代名詞」を抜かしたらいいのか、いつ目的語を言わなくていいのか学習者は戸惑ってしまいます。結果的に学習者は話せなくなります。「自然な形で提出」と言っていながら、かなり編纂者の作為的な日本語を押し付けているのではありませんか。
　7課の例文3「"goodbye"は日本語でなんですか」という文が出ていますが、これは変な言い方です。「～は何と言いますか」の方を教えた方がいいと思います。英語の"What is the English for～?"の翻訳でしょうか。
　9課の例文3「カリナさんは絵が上手ですか」の返答として「はい、[カリナさんは]とても上手です」というやりとりがあります。[　　]の記号は言わなくてもいいという意味だから、ここでは「はい、カリナさんはとても上手です」と「はい、とても上手です」の両方言えるということになります。けれども、後者の文「はい、とても上手です」は不完全な文です。せめて「はい、彼女はとても上手です」と「彼女」を使うのが自然だと思います。けれども、『み』では「彼、彼女」を正式に出していないので、こういう結果になったのでしょう。

12課の例文「空港までバスと電車とどちらが速いですか」の返答に対して「電車のほうが速いです」と「バスより」を抜かしていますが、ここでは「バスより電車のほうが速いです」という完全文を教えるべきです。上手になれば省略は自分でするようになります。初級の前半ではできるだけ完全文を教えた方がいいと思います。

会話で管理人が「祇園祭は京都の祭りでいちばん有名ですからね」と言っていますがこういう言い方はどうでしょうか。文中の「から」ではなく文末の「から」の使い方をしています。

16課は「〜て〜て」という表現を出しています。『手』に「動詞文をつなぐとき、『て形』を使う。2つ以上の動作が続いて起こるとき、その動作の継起順に、『て形』を用いて並べる」とあります（P167）。そこで文型の1のように「朝ジョギングをして、シャワーを浴びて会社へ行きます」という長い文ができあがり、学習者に言わせています。しかし、一つの文に「て」が二つあると、「長文は悪文」という立場に立てば、無闇に長い文を作らせるのもよし悪しです。(注7)

18課の会話でサントスが「ぜひ行きたいです」と言っていますが、変です。「ぜひ」は下の図のように①人に強く勧めるとき②勧められたときに使うから、「ぜったい行きたいです」に直してください。21課の会話でも松本「ぜひ見ないと……」と言っていますが、おかしな言い方です。不完全な言いさしにしないで、「ぜったい見ます」とか「かならず見ます」とすなおに言えばいいのです。

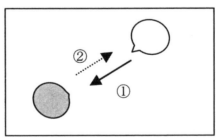

同課練習Aの3「コピーができます」と出ていて、コラムでは「コピーができます」「図書館の本をコピーすることができます」の両方あって、不統一です。

20課の会話でタワポン「帰りたいけど……」21課の会話でサントス「そう

思いますが……」「もう帰らないと……」22課の会話でワン「和室が一つと……」と言いさしのラッシュです。「言いさし」が日本語的だと思っているのでしょうか。続々出てきますが、これは『み』の思い違いです。すでに9課7の例文「どうしてきのう早く帰りましたか」の返事として「用事がありましたから」が出ていますが、言いさしは不完全な文なのです。「用事があったからです」を教えるべきですが、まだ9課で「た形」が出ていないので、こういう言い方になってしまったのでしょう。会話でも木村「金曜日の晩はちょっと…」とか「約束がありますから……」などと言っています。話し手本人が何らかの理由で「言いさし」になることは実際によくあります。しかし、不完全な言い方をわざわざ教える必要ないと思います。教えなくても学習者本人の意思で「言いさし」表現にします。母国語でもやっていることだから。あ、言いさしになっていました。母国語でもやっているから、教えなくてもできるようになります。

　22課の例文4「奥さんに初めて会った所はどこですか」という言い方は「どこで初めて奥さんに会いましたか」の方が自然でやさしいでしょう。無理に不自然な言い方を教えなくてもいいでしょう。

　25課例文では「あったら・無理だったら」という普通体の「たら」を出しています。それだったら、丁寧体の「ありましたら・無理でしたら」を出さないのは矛盾しています。

【9】動詞の分類は非効果的

　『み』では『手』の編集方針に書いてあるように動詞を三つに分類しています。

　　　五段動詞　　→　Ⅰグループ
　　　上一段動詞　　　Ⅱグループ
　　　下一段動詞
　　　カ変動詞　　　　Ⅲグループ
　　　サ変動詞

　しかし、結果的に「Ⅱグループ」には「食べます・起きます・見ます・借ります」というように上一段動詞と下一段動詞が混在することになってしま

いました。
　成人に対する日本語教育は、いわゆる終止形（辞書の形）ではなく、「ます形」（連用形）から教えるのが一般的です。「ます形」の動詞を「ます」の前に来る母音で分けると、「iます」と「eます」の二種類しかないことがわかります。
　①　iます：かきます・はなします・のみます・もちます・すわります
　②　eます：たべます・ねます・あけます・しめます
　この分け方だと、たとえば「可能形」にするときは、「iます」は「i→e」に、「eます」は「ます→られます」と指導すればいいわけです。
　③「iます」：かきます→かけます・はなします→はなせます・のみます→のめます・もちます→もてます・すわります→すわれます
　④「eます」：たべます→たべられます・ねます→ねられます・あけます→あけられます・しめます→しめられます
　ただし、「iます」グループのいくつかの動詞が「eます」に寝返って（?）「きます→こられます・おきます→おきられます・みます→みられます」のように「eます」と同じ活用になります。これが「例外」動詞です。
　この分類は、【1】ます動詞が2種類しかないこと【2】それも学習者が自分で区別できる【3】例外と言っても、「iます」動詞が「eます」動詞の活用するだけ【4】動詞の母音を変えて他の表現になることがわかりやすい、などの長所があります。
　反対に「み」の動詞の分類には次のような問題点があります。
【1】動詞のグループがわかりにくい。
【2】「て形」は整理できていない。
【3】「た形」は「て形」を利用して教えれば、すべての動詞が一発変換（te→ta）となるのにそうしていない。
【4】例外を常に二つの動詞（カ変・サ変）だけではもったいない。「行きます」の「て形」は「行って」となり例外だが、使い方も、「いま子どもは幼稚園に行っています」のように狭い意味での進行形は話し手以外の人間に使っているから、「*」を付けないで、これを例外扱いすればいい。そして、他の表現に変えるとき（活用）、「iます」グループのいくつかの動詞「きます・します・おきます・みます」などは、「eます」グールプの活用に準じるから、これを「例外」として扱えば、学習者にもっとわかりやすい分類だ

と思う。[注8]

　以上のように『み』の動詞の分類は非効果的なのです。伝統にとられる必要ありません。動詞の分類も単なる好みの問題ではなく、学習者にとってどっちが学びやすいかの立場で考えるべきではないでしょうか。

　いろいろ見てきましたが、『み』は教科書編集にあたっては形式主義・機能主義から脱却できなかったのです。教科書編纂にあたっては、教える対象である言語を十分分析してからでないといいものが作れないと思います。『手』の「Ⅲ．指導における留意点」で「『み』は基本的「文型」積み上げ方式であり」（P14）とうたっていますが、本当の「積み上げ」というのは正しい日本語の分析に基づいてされるべきものです。

　それにしても、『み』はボコボコになってしまいましたね。これでも『み』が理想的な日本語の教科書と言うのなら、いままで述べてきた疑問点・問題点について納得する説明をしてからにしてください。

　昨今いろいろな分野で「やさしさ」ということが叫ばれているにもかかわらず、『み』は学習者の頭にやさしく作られていない、いや乱暴とさえ言えます。それに気づかず、使う教師の方も乱暴なのでしょう。

注１：今回は『みんなの日本語』（1998年第１版）を使用。2012年に第２版がでたが、課の配列などは第１版と同じである。多少直された跡もみられるが、基本的には同じ鉄骨をもとに作った建物で、内容・編集方針も同様である。これを中国語で「換湯換薬」と言う。湯を変えても中身の薬はそのままという意味である。現在ハノイなどの日本語学校ではいまなお第１版のコピー版を使用しているところが多いので、今回はあえて第１版をもとにコメントを加えた。

注２：筆者もこれまで4種類の教科書を作っている。『わかる日本語』（1978年、千駄ヶ谷日本語教育研究所）『できる日本語』（1995年、国書刊行会）『日本語の新幹線』（2001年、大新書局）『日本語の広場』（2002年、朝日出版社）

注３：W．フィエトル「大切なのは、学校文法の内容と、それと同時に必要な語いを生徒に伝達することであるが、それが学校でどのように行なわれているかについては、教科書を見れば一目瞭然である（『言語教育の転換』P41）

注４：分野が違うけれども、料理研究家の小泉武夫が「味覚の表現から逃げないこと。（中略）大事なのはここなんです。あまりにもおいしくて筆舌につくせません、とか、食べた人にしかわかりません、とかいうのは逃げなんですよ」と言っている。（木村俊介著『料理の旅人』リトルモア社から再引用）

注5：さすがに『み』の第2版ではカットされている。
注6：レベルが低いせいか、同2版ではカットされている。。
注7：千早耿一郎『悪文の構造』参照。
注8：筆者が編んだ『わかる日本語』はこの分類方法を採用している。

5．言語教師の育成と三角錐論

「言語教師の育成論」ついて論じましょう。
　2007年ハノイ国家大学主催の日本語学・日本語教育国際シンポジウムがハノイで開催されましたが、その中に「アジアとオセアニアの日本語学習者が考える『優れた』日本語教師像」と題する発表がありました。そのときの『同シンポジウム論文集』（P313）をもとに話をすすめて行きます。(注1)
　この発表は、アジアとオセアニア地域で大学生・高校生を対象としておこなった『とてもいい』日本語教師に関する調査」をまとめたものでした。ニュージーランドでは六つの因子、ニュージーランドにタイ・韓国・中国・ベトナム・台湾を加えた調査では五つの因子、上記のアジアの五カ国だけの調査では四つの因子にそれぞれ質問事項をつけ、調査をおこなったようです。
　以下、五つの因子による質問事項の主なものをひろってコメントして行きましょう。なお、引用にあたっては配列・数字を変えてあります。

【Ⅰ】授業の実践能力
①日本語教師として十分な訓練を受けている
②教えることに熱心である
③標準的な日本語を話すことができる
④プロとしての自覚を持っている
⑤日本語を一つの言語として客観的に分析することができる
⑥必要なら教科書に出ていないことも教える
⑦外国語としての日本語教授法に熟達している
⑧学習者が分からないとき、分かりやすく説明する
⑨日本語を正確に、且つ流暢に使うことができる
⑩楽しんで教えている
　まず、①についてですが、どうして教師が十分な訓練を受けているか学習

者にどう判断できるのでしょうか。また、「十分な訓練とは」具体的にどういうことでしょうか。②と⑩は両刃の剣で危険です。「教えることに熱心で、自分だけで楽しんで教える」教師もいます。しゃべりすぎは教師の職業病でもあります。だからこそ教師がほとんど話さない「沈黙法」(Silent Way)などという教授法が出現したのです。また③と⑨は外国人が日本語教師の場合のチェックですが、だれがどう判定するのでしょうか。まして日本語をまだ十分でない学習者では判断できないでしょう。④は発表者も「これはすべての項目を統括する」と言っているように大前提です。⑤はすでに第2部で見たように言語研究の専門家達も簡単に分析できないのです。⑥も危険です。教科書をやらないで、自分の作った教材や新聞その他の切抜きを教える教師のいかに多いことでしょうか。朝、日本語学校に行くとコピー機に教師が行列ができるラーメン屋、いや失礼、行列ができるほどです。⑦はあとで述べますが、「教授法」と「指導法」をごっちゃにしています。⑧は当たり前なことですし、この能力を高めるのが教師育成のかなめです。

【Ⅱ】指導経験と資格
①指導経験が長い
②日本語教育に関する資格を持っている
③日本語の古典に関する十分な知識がある
④修士号（又はそれ以上の学位）を持っている
⑤以前に外国語学習の経験がある？

　①はあまり関係ないと思います。質の高い養成講座を受けていれば長さは関係ないと思います。②その資格を査定するのがこのアンケートではないのですか。そもそもこの【Ⅱ】は因子としては重きを置く必要がないのでは？

【Ⅲ】教師の人間性
①自分、他者、人生について楽観的である
②明るく、ユーモアがある
③暖かく、やさしく、思いやりがある
④授業を面白く、楽しくする

　もし①がたりない教師だったら、どうやって育てればいいでしょうか。③では、叱ってはいけないのでしょうか。[Ⅴ]の④とも関係があります。

【Ⅳ】コース運営
①多様な教授法、教材、視聴覚教具を用いる

②日本語以外のことについても相談にのってくれる
③教室を和やかで、くつろいだ雰囲気にする
④学習者のニーズに対応したコース設計をすることができる

②は日本語教師のあいだでは授業以外で学習者と会って食べたり飲んだりすることを「寝技」と言って嫌われています。

【V】授業の実践能力
①学習者からの提案や考えを取り上げる
②勤勉である
③学習者の質問に喜んで答え、また質問に答えられる
④学習者をほめたり、励ましたりする
⑤授業がきちんと構成されている
⑥大きな忍耐力がある
⑦教室内において学習者に規律を守らせる

②は【I】の②と同じようなことです。③ある語学学校では学習者からの質問を禁じるところもあって、学習者からの質問が授業の流れを邪魔したり、その質問が他の学習者によくなかったりする場合もあります。⑦教師は教室および学習者の管理は重要な仕事で、管理能力が低くてはいけません。

この調査にはもともと次の五つの問題点があります。

【1】因子のブレ：調査する国によって因子が増えたり減ったりして調査側が主体性がない。

【2】調査方法：学習者の意見は参考にしてもいいが、本末転倒。学習者からのアンケートをもとにしてそこから物をいうのは主体性がない。

レストランの経営者が自信がないので、どんなシェフがいいのかお客に聞くようなものです。教師と学習者の関係をシェフと客の関係に置きかえるとおもしろいと思います。たとえば、【I】の②は「料理を作ることに熱心である」【IV】の④は「客に対応した別メニューも出来る」というふうに置きかえられます。しかし、それではまるで五つ星のレストランの評価表を作るようなものです。肝心の料理がまずかったら終わりです。

日本語教育も「おもしろくて身につく授業」でなければ、教師がどんなに資格があっても古典に精通していても終わりです。最近の日本のラーメン産業をみても、一家言あるクセのあるワンマン、オーナーシェフ（自分の味にこだわった。独特の味を出す）の店に人気が集まるのはどうしてなんでしょう

か。客にアンケートをとって検討した結果なのでしょうか。それとも、教育と飲食業とは違うというのでしょうか。客にアンケートをとるなどということは自信がない経営者がすることです。

　この調査も同様です。それに評価が定まっていない若い高校生・大学生に考えさせるのはおかしいと思いませんか。イソップの寓話に「ロバを売りに行く親子」の話がありますが、人の意見ばかり聞いて、主体性がないいい例です。

【3】質問事項の混乱：前提条件や望ましいことなどが、ごちゃまぜで、重複している。

　【Ⅰ】の①「日本語教師として十分な訓練を受けている」とありますが、これもどうして若い学習者が判断できるのでしょうか。また、十分な訓練とは、具体的にどういうことなのでしょうか。また「教師育成論」から言ったらどうしたら十分な訓練を身につけさせられるのでしょうか。よく「いい教師像・教師育成論」で教師に必要なことはあれだこれだと言いますが、ではそれをだれが・いつ・どこで・どうやって指導するのかという論議はほとんど聞こえてきません。

【4】質問事項が粗すぎる。

　前項と重なりますが、実践に即していないものばかりです。その教師は自分ばかり話していないか（本人は熱心に楽しんで教えているのだが）、「本は机の上にあります」と「机の上に本があります」を区別してわかりやすく教えられるかどうかなどなど、もっともっと具体的な授業に則した質問事項をするべきだと思います。

【5】結局、調査の結果からものを言っているので、【3】と同じように「ではそうするためにはどうすればいいのか」という展望が見えてきません。【Ⅴ】の5に「授業がきちんと構成されている」とあるが、そうするためにはどうすればいいのでしょうか。

　高く評価されるのは当然授業の実践能力であるのは、乱暴な喩えかもしれませんが、よく人気がある町医者を調べてみたら、無免許だったということでもわかります。最終的には実践が大切なのです。

　調査の結果は「①授業の実践能力③教室の雰囲気づくり④学習者への配慮の四つが抽出された。そして、マクロなレベルにおいては、国毎の大きな差はなく、高校生と大学生の間にも有意な差がなく、学習年数や学生において

第三部　言語教育の展望

も特に有意な差がないことが確認された」とありますが、学習者にとっていわゆる学習項目（ここでは日本語）をよく知っていておもしろい教師がいいに決まっています。

　では、教える側が主体的に「いい教師」はどういうものであり、それにはどうしたらいいのかという論議に移りましょう。

　これまで学習言語・教授法・指導法・教科書・学習者と五つに関して論じてきました。そこで、それぞれの関係はどうなっているのか見てみましょう。

　まず「教授法」と「指導法」ですが、筆者はこの二つを区別して、「教授法」は「考え方」ないし「イディオロギー（主義）」として位置づけるべきだと思います。したがって、これまで出版された「教授法」という題名の書籍はほとんど「指導法」にあたるでしょう。教授法は考え方・イディオロギーであって、学習者に学習言語（対象言語）を教えるとき、「直接法」で教えるのか「翻訳法」なのか、選択されるべきですし、各種の教授法を理論面・実践面から是非を論じる必要があるのです。そこがあいまいだと、「教科書」も「指導法」も中途半端になってしまいます。古い言い方で言うと、旗幟を鮮明にすることが必要です。筆者の立場は「直接法」ですが、「直接法」を効果的に行うためにはコメニウスのように「一つずつ区切って」教えなければなりません。そのためには何を先に提出すればいいのかの考察が必要になってきます。それで、そのためには学習項目を認識論によってよく研究しなければならないのです。

　念のため言うと、必ずしも「直接法」がいいのではありません。質が高い「直接法」の実技指導を受け、訓練された教師でなければどんな教科書を教えられないのです。ここに大きなあやまりがあります。

　ですから、『み』の『手』の冒頭「本書をお使いになる方へ」の1で「本書「『みんなの日本語初級Ⅰ』を用いる**教師が経験の有無にかかわらずこれを参考にすれば、だれでも日本語を効果的に教え、学ばせることができる**ように作られている」（太字は引用者）とありますが、すでに私たちは前章でぽこぽこになった『み』を見てきました。経験のない教師がこの本で教えたらどういうことが起きるか考えてください。もし、『手』が言っていることが事実なら現在行われている「日本語教師養成講座」はどんな意味があるのでしょうか。だれでも効果的に教えられるのなら「養成講座」を受ける必要がなくなってきます。

もともと『み』は一つの課が分量が多すぎて全体として厚い教科書になっています。厚いのは文字表記が多いということで、音声軽視の現われです。それは決していいことではありません。練習ページは教師の頭の中にあって、教師は繰り返し練習・代入練習・変形練習などを口頭で行うべきなのです。その練習方法は事前に養成講座か訓練を受けていなければできないことです。したがって、指導をまったく受けたことのない人がこれを使うと、結果として音声軽視、「読み書き（Reading Method）」に堕してしまうのはこの理由によります。(注3)

　『み』に限らずどんなにすばらしい教科書でも使う人は事前に使用の訓練を受けていなければなりません。それはどんなに優秀な車も乗り手が車の運転を習得しておかなければならないことと同じです。見よう見まねでは事故を起こすにきまっています。ですから『み』が「経験の有無にかかわらずこれを参考にすれば、だれでも日本語を効果的に教え、学ばせることができる」と思っているのは、編纂者がいかに実践がわかっていないという証拠です。

　国内ばかりでなく世界各地でそういうことが起きています。また、**日本人だけではなく外国人教師がどんなに日本語ができても、日本語を習得方法と教え方とは異なっているから**、「養成講座」ないし「教科書の使い方の指導」の研修を事前に受けることが必要です。この場合、「直接法」（日本語だけで教えられるのかどうか）に立つのかあるいは「翻訳法」に立つのか明確にすることです。そこがあやふやだと、「指導法」および「教科書」もどっちつかずのものになってしまいます。

　一方、「指導法」は使用する教科書にそって、具体的な個々の学習項目を学習者に「ミセル」して行くことです。これが「教え方」にあたります。

　「教科書」は編集者がよってたつ「教授法」によって作られた具体的なものですから、これを見ればどんな「教授法」にのっとって作られたかわかるのは、すでに前章で『み』を見てきたとおりです。

　もう一度まとめると、教科書というものは教授法を濾過(ろか)して学習言語（日本語なら日本語）を具現化したもの、指導法というのはその教科書を教授法に則して具体的に教える方法です。そうすると、次図のように「教授法」「指導法」「教科書」の三つは「学習言語」を頂点とする三角錐ができます。これを「三角錐論」(注4)と言います。

第三部　言語教育の展望

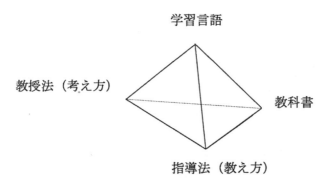

次に、問題になるのは、教師と学習者はどこに位置づけられるのかということです。教師は三角錐の底辺の中央に位置し、学習者は同じ三角錐を底辺としたもう一つの三角錐の頂点に位置します。図は下のようになります。

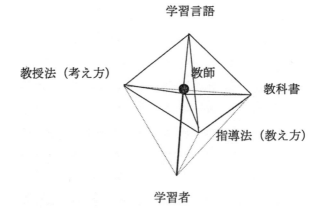

この図からわかることは、教師は【1】学習言語【2】教授法【3】指導法【4】教科書【5】学習者の五つと関係を持ち、それぞれを司どらなければならないということです。言ってみれば、教師は学習言語を背中に背負い、頭には教授法、右手には指導法、そして左手には教科書を持って、学習者と向き合うようなものです。ですから、教師の評価とか理想像とかは、この五つ関係（因子）から見るべきだと思うし、その関係はそれぞれの内容に応じて、等しく扱わなければなりません。

まずは、教師からの関係を見てみましょう。

【1】学習言語＋教師：教える言語としての日本語についてどのくらい知っ

ているか
【2】教授法＋教師：どんな教授法に立っているのか
【3】指導法＋教師：三セルや練習方法など具体的な授業の進め方はどうか
【4】教科書＋教師：どのくらい教科書をわがものとしているか
【5】教師＋学習者：教師の人間性（おもしろいか、明るいかなどなど……）

　ただし、教師が日本人の場合と外国人の場合とでは、状況が異なってきます。外国人教師が母国で日本語を教える場合、純粋の直接法だけで授業を遂行するのはかなりむずかしいでしょう。自分の日本語の能力が低かったり、学習者の母国語の翻訳要請に負けたりするからです。したがって、その本人の強い自覚だけではなく本人が属する機関の長ないし教務主任が「日本語だけで教えるんだ」という確固たる信念（イディオロギー）がなければ、日本語教師はたちまち学習者の母国語を使ってしまいます。このとき最低でも外国人教師の話せる能力をチェックしなければならないのですが、現行の日本語能力試験ではうまく機能していません。Ｎ１・Ｎ２に合格してもいかに話せない学習者が多いことでしょうか。

　そういう意味で現行の能力試験は見直しが必要なのですが、話せる能力は残念ながらチェックできていないのが実情です。しかし、教師は当たり前のことですが、話せなければならないのです。

　三角錐の図を見てください。教師から見て、教授法・指導法・教科書の三つと学習言語を頂点とする三角錐を「上方」と呼びましょう。理論と言ってもいいです。もう一つは、教師から見て、教授法・指導法・教科書の三つと学習者を頂点とする三角錐です。これを「下方」と呼びましょう。「下方」は実践です。

　言語教師に限らず教師はこの「上方」「下方」の**統一体**として見なければならないのですが、実際はどちらかに偏りがちです。大学関係の教師は主に「上方」を好み、学習者に関心は薄く自分の専門分野を見ています。一方、いわゆる日本語学校の教師は「下方」しか見ません。日本語学校の教員室で休憩時間に話されることは学習者のことばかりです。それも教師の職業病だから、ある程度はしかたがありませんが、「上方」は養成講座で教えられた知識でまかない、日本語の仕組み・日本語の分析は、説明にゆきづまったときや、学習者から質問されたときなどぐらいしか興味を示しません。この「上方」「下方」の二つは非常に乖離し、「下方」から、「上方」へのパイプは

細いかないに等しいのです。そういう構造ができあがっているのです。(注5)

　これまで日本語学校の先生が日本語能力試験作成に参加したことがあるのでしょうか。そうしたことに日本語学校の先生は疑問を感じないのでしょうか。毎回実施された試験内容の検討もされることもありません。旧日本語能力試験の読解試験に「もらい湯」（2000年1級）の話題がでたり、聴解の試験に「押し売り」（1994年2級）のことが出ても、日本語学校の教師はそれについて何も言えません。

　今度は学習者との関係を見てみましょう。もう一度三角錐を見てください。この図から「学習者」「教授法」「指導法」「教科書」「教師」「学習言語」との関係は同じように五つになります。

【1】学習言語とは直接接しません。
【2】教授法＋学習者：どんな教授法で教えられるのか
【3】指導法＋学習者：どういう指導法教えられるのか
【4】教科書＋学習者：どういう教科書で教えられるのか
【5】教師＋学習者：教師の人間性（おもしろいか、明るいかなどなど……）

　以上のようになりますが、実際は【2】〜【4】はほとんど教師を通してだから、いやがおうでも【5】は太い線になります。学習言語がむずかしいかやさしいか、授業はおもしろいかどうか、学習言語が着実に見に付くかどうかは、ひとえにこの【5】にかかっているのです。教師がつまらないからやめた、授業がわからないからついていけないという話はよく聞きます。それほど教師の役割は大きいのです。

　そうした要求にかなう教師をつくるためには、本書の第1章・2章で縷々(るる)述べてきたこととあわせて、現行の「養成講座」の改善・の変革が急務です。
①すぐれた教授法の開発および教科書の作成
②それに対応した「わかりやすくておもしろい」指導法の指導
③それを具体的に指導する教育プログラム（機関）
④それが遂行できる人材の確保
⑥「上方」に偏らない（実技に重きをおきた）内容にする。もし時間が420時間であれば中身の検討。もしくは80時間ほど実技の時間を増やして500時間にする。

　この改革がなぜ急務なのかは、現在他の国の言語教育はどう行われているかを見てみればわかります。特に隣国の動きです。(注6)

韓国は「世宗学堂」という組織で世界51ヵ国、117ヶ所で韓国語の普及活動を展開しているし、中国は「孔子学院」という組織で世界108ヵ国、979ヶ所で中国語を国際語ないし準国際語たらんという野望のもとに活動範囲を広げつつあります。日本語にとってはまさしく前門の虎・後門の狼です。参考までにヨーロッパ語はどうかと言いますと、以下の通りです。
　フランス語：アーリアンス・フランセーズ136ヵ国968ヵ所
　英語：ブリティッシュ・カウンシル110カ国250ヵ所
　ドイツ語：ゲーテ・インスティテュート93カ国149所
　また、国際交流基金は世界22ヵ国、33ヶ所（日本語を教えているところもある）です。
　もちろん無意味な覇権主義や拡大競争はけっしていいこととは思いませんが、現状のままでは、日本語の学習は下火にならないまでも伸び悩むかもしれません。他の事例でもわかるように中国・韓国の追撃はすざましいものがあるからです。(注7)
　以上の状況下で少しでも日本語を学ぶ外国人学習者が、楽しくわかりやすく落伍しないようにすることが急務だと思われます。
　そうするためには純粋の直接法に立ち戻ることが必要です。(注8) そうすれば教師養成もさらに精度をあげられるでしょう。教科書も新しい展望で「学びやすい日本語・わかりやすい日本語」を目指すべく新たな教科書の編纂が望まれます。

　　注1：発表者は織部義憲。発表当時広島大学大学院教官。
　　注2：これまで出版された「教授法」という題名の書籍はほとんど「指導法」にあたる。例：M.フィノッキアーロ「英語教授法」金星堂、1972。多田房子「外国語としての英語教授法」南雲堂、1978などなど。
　　注3：タイで教えていたある日本人の日本語教師は、自作の教材を作って教えていたが、『み』を見てからこんな楽な教材はない、なにもしなくていいとよろこんだという笑えない笑い話がある。
　　注4：筆者は1980年代からこれを提唱している。
　　注5：筆者は2011年当時ハノイ国際交流基金所長に改善の意見書を提出したが、いまだに返事はない。
　　注6：2013年6月現在。この数字は民間の組織は含まれてない
　　注7：民間でも2014年にはソウルの大手の語学学校・語学出版社がハノイに韓国語の学校をつくるうわさがある。

第三部　言語教育の展望

注8：日本の英語教育も「直接法」を取り入れると効果があると思う。分野は異なるが、オーディオ評論家長岡鉄男はオーディオ機器に関して「最高のアナログは最高のCDを上回るが、最低のアナログは最低のCDを遙かに下回る」と言っている。アナログを直接法、CDを翻訳法に置きかえて「最高の直接法は最高の翻訳法を上回るが、最低の直接法は最低の翻訳法を下回る」とすると、筆者の考え方に近い。

あとがき

　この本は2012年に三浦つとむ生誕100年を記念して企画された論文集に書いた小論『三浦理論と日本語教育』（未刊）をもとに新たに書き下ろしたものである。

　アマゾンという通信販売ネットで『日本語の文法』を検索すると、なんと日本語文法が100冊以上画面に登場する。文字通り、百花繚乱だが、そんなに独自の理論があるのかと思うほどである。自説を出すのは結構だが、申し分けないけど、勉強が足りないものばかりだし、ほとんど形式主義・機能主義の説明ばかりである。新説がほとんど見当たらないのは実に残念である。

　本書については片足を棺おけに突っ込んでいる老人のたわごとと思ってくれてもいいし、死に逝く者の遺書がわりだと思ってくれてもいい。しかし、これからこの世界に足を踏み入れる若い学徒が、現状の形式主義・機能主義に毒されるのを見ていられない。誰かがアンデルセンの「裸の王様」だと言った子どもにならなければならない。筆者はその子どもにしては臈けすぎているだろうが、気づいたものの誰かが「王様は裸だ！」と言わなければ現状は変わらない。これまで私が三浦理論とそれをもとにして40数年の経験からわかったところを示したい一念で筆をとったわけである。日本語を愛するがゆえに、辛口のコメントになってしまったことをお許しいただきたい。また、本稿は海外で執筆しているので、資料の見落としあるいは誤引用はご勘弁いただきたい。俎上にのせた文献もいささか古いものもあるが、最近のものは入手しにくかったので、次回に譲りたい。

　言語学者、文法学者に形式主義者が多いのは、形だけを扱うのが科学的だと思っていること、認識論がわからないこと、あるいは言語論と関係ないと思っていることなどによるのだろうが、形式主義から抜け出す一つの方法は、三浦理論を本当に理解することである。それができないかぎりこれからも形式主義者が多くなるだろう。したがって、日本語教育もいろいろな本や辞書が出版されて、表面的に華やかで進歩しているように見えても本質的には変わることはないと思う。

　ここまでお読みくださった読者の方々は非常識なのはどっちなのか、もうおわかりであろう。非常識な論を展開する文法論・非常識な解説の辞書・非

あとがき

常識な構成の教科書・非常識な教師像などなど……

　本稿は、主に三浦つとむの『日本語はどういう言語か』（1976年改定版）を底本として使った。この本は、「です・ます体」でやさしく（？）書いてあるようだが、三浦のはじめての言語論の本だけに三浦の意気込みが感じられるとともに、その後の彼の著作を理解する上でも重要であり、内容も深い。

　現行の辞書や文法書の形式的な説明に不満を感じている諸氏には、三浦の著作を熟読されることをおすすめする。人間の認識構造の理解を欠いては、日本語を解くことができないからである。

　私自身三浦理論のおかげで、形式論や機能論に陥らずにすんだし、マンネリにならず日本語の分析にメスを入れるがことができた。結果的に、説明が簡潔でわかりやすいものになったし、類似語の分析には多少なりとも貢献できたと思う。ということは、これから日本語を学ぼうとする人達に少しでもわかりやすく日本語を提供できるというわけである。

　『日本語の文法』の「まえがき」に三浦は書いている。

　　　したがって、明治からの文法研究の歴史は、日本語ととりくんでそのまま日本語に押しつけて不当な解釈を加える傾向と闘って、それを克服していく歴史でもあった。この闘いはいまなお続いている。（中略）

　そう。その闘いはいまだ終わっていない。

　ここベトナムハノイには私が主宰するＳＪＰ日本語センターがあり、「三浦理論＋今井の日本語教授法」を反映させた日本語教科書『わかる日本語』を使用した授業を展開している。また60時間の「短期特別日本語教師養成講座」を年２回開講している。興味ある方はぜひご来校いただきたい。

事項索引

あ行

意義　23
いたちごっこ　79
移動撮影　146
エビングハウス　210

か行

過程重視型　108
観念的自己分裂　10
観念的二重化　10
干渉論　192
感性的表現　44
客体的表現　26
組み合わせ　118
結果重視型　108
言語規範　19
言語の二面性　106
コグナティブアプローチ　185
こそあど　33
コメニウス　189

さ行

三角錐論　225
三セル　183
実体概念　133
自動詞　99
指導法　234
主体的表現　26
水路づけ　190
すし型・すし型用法　31
零記号　14

た行

他動詞　99

直観　175
直接教授法　178
追体験　11
つみあげ方式　186
提出順　185
点的　116
同時進行　124

な行

中締め　37
二者選択　103
粘土型　30
のびちぢみ　52
ノンバーバル　20

は行

幅的　116
非言語表現　19
ひっくりかえる　60
表象　175
ブーメラン　64
ボディランゲージ　21

語彙索引

あ行

あがる　108
あとで　69
あて〜で　69
あと一人　71
あのー　36
あれ？　44
案外　80
意外　80
いきなり　110
一応　110
うちに　54
おきに　126
お先に　48

か行

から　134
感心　79
きける　77
きこえる　77
急に　109
くせに　85
けっこう　22
こと　136
ごとに　126
この俺　33

さ行

さき　45
さえ　128
さっぱり　106
さわる　24
ずいぶん　79
〜し　167

すぐそこ　34
ずっと　66
すら　128
せっかく　104
そうすると　169
そうそう　27
そして　40
そのうえ　42
そりゃそりゃ　35
それから　40
それ！　35
それが　93
それで　36
それに　42
それはそれは　35
そろそろ　72
そんなに〜ない　92

た行

たあとで　121
だから　38
たちまち　109
たとき〜た　32
ために　61
たら　151
ついに　107
って　62
て　118
ていく　68
ているあいだ　57
ているあいだに　57
てから　120
てくる　67
てまえ　49
ても　112

でも　129
と　146
といっても　95
どうせ　99
とうとう　108
どうも　90
ところ　58
どころ　99
突然　109
どっちみち　100
とにかく　111
とりあえず　110
とんでもない　98

な行

なか　59
ながら　123
なかなか　82
なまいき　79
なら　156
なんか　97
に　61
にしては　81
の（助詞）　120
の（形式名詞）　132
のくせに　85
のだから　134
ので　132
のために　61
のに　138
のぼる　108

は行

ば　145
はい　20
はず　83
ひと　51
ふれる　24
ほとんど　112

ま行

まえ　44
まだ　112
まだです　115
まだまし　115
みえる　74
みつかる　99
みつける　99
みられる　76
も　129
もう　112
もうすぐ　72
もう一人　69
ものの　140

や行

やっと　108
ゆだん　79
ようだ　88
ようやく　109
よほど　83
よりほかない　77

ら行

らしい　88

わ行

わざわざ　103

今井幹夫（いまい みきお）

岐阜県下呂町門和佐生まれ。早稲田大学院卒業後、1972年フランス・パリ大学第7日本語講師。1975年千駄ヶ谷日本語教育研究所を設立。科学的直接法（SDM）を提唱、三浦理論に基づく日本語教科書『わかる日本語』編纂する。1992年ごろから主軸をベトナムに移し、2004年ハノイにSJP日本語センターを設立、現在に至る。
住所：15, Phuong Liet, Thanh Xuan, Hanoi
メールアドレス：sjpedu@gmail.com

非常識の日本語──三浦つとむ認識論による日本語解明

2015年3月25日　初版第1刷発行

著　者：今井幹夫
装　幀：桑谷速人
発行人：松田健二
発行所：株式会社 社会評論社
　　　　東京都文京区本郷2-3-10　☎ 03(3814)3861　FAX 03(3818)2808
　　　　http://www.shahyo.com
組版：スマイル企画
印刷・製本：倉敷印刷

Printed in Japan